范仲淹的人生哲學

——憂樂人生

目錄

范仲淹其人 1
益天下之心，垂千古之志……心爲介如石，可裂不可奪……進者道之行，退者道之止
由少及長的攻苦食淡 23
幼年失父……感憤自立……以清儉自甘……人生憂多樂少，惟自適爲好
不以一心之戚，而忘天下之憂 37
心憂天下的胸懷與志向……用如王佐的渴望……慨然自薦……超越一己憂樂的境界

放言無忌數上書 51
欲傾臣節，以報國恩……不甘於無功而食的至誠……理或當言，死無所避……以名節自高……變一代士風

言忤太后而出為通判 71
思與天下同其安樂……奏請太后還政……為民請命……陳州進言

危言罹禍，三出專城 86
由仁宗廢后而起的風波……危言危行求天下無憂……言忤宰相……朋黨之災……寧鳴而死，不默而生……千載成迂闊

留取雲山靜處看 108
盡室得江行……一聽升沉造化爐……先生之風，山高水長……恥佞人之心，

慕忠臣之節……君子間的相知相慕……不爲祿仕出

蘇、浙之行 131

及觀民患，不忍自安……蘇州治水……弗鉗口以安身……以大道爲本的獨立不倚

邊關功業 145

薦爲邊帥……將軍白髮征夫淚……所宜盡瘁，敢昧請行……「小范老子」不比「大范老子」可欺

清澗城之守與好水川之敗 161

嚴戒邊城與主動進兵……好水川之敗……成敗安危之機，豈敢避罪於其間……因心爲友，和而不隨

降知耀州與三讓觀察使 177
與西夏國主的「外交」……降知耀州……再度起用……三讓觀察使
將軍了邊事，春老未還家 191
「吾固知仲淹可用也」……辭千鍾之錄而不受……羌山始見花……軍中有一范，西賊聞之驚破膽
應名赴闕，備位宰輔 205
除樞密副使……應召赴闕……賢者進而天下安寧……魔、道相爭……「慶曆盛德頌」……「介詩頗爲累焉」
慶曆新政 226
答手詔條陳十事……得人則治，失人則亂……改革官制……一家哭與一路哭

……乞罷參政，自請巡邊……新政「流產」……「欲廣害良善，不過指爲朋黨」

無累其心，無更其守 252

求取罷兵南國去……鄰封唱酬……無欺……烈士無欺，固無畏

生死師友與君子之交 266

無私誼膠固，不徇情妄從……惟德是依，因心而友……憫己傷志，固君子所不免……微斯人，吾誰與歸

平生清心潔行，以自樹立 281

倡揚風義，老而彌堅……晚節當如竹有筠……人苟有道義之樂，形骸可外……蘇州城西「范墳山」

以儉約自處，以清貧自甘 295
雖一毫而不妄取……老夫屢經風波，惟能忍窮……處處有仁義可行……父風垂範
最後的日子 311

范仲淹其人

范仲淹字希文，謚「文正」。按宋代封謚的禮制，「道德博洽曰文，經天緯地曰文，內外賓服曰正。」文正當爲大臣最高的謚號。

仲淹爲蘇州吳縣人。不過，他的祖籍並不是蘇州吳縣。《范文正公集》附《家譜》云：「公昔遠祖博士范滂，爲清詔使，裔孫履冰，爲唐丞相，……世居河內。」范家四世祖隋，「至（唐咸通）十一年，遷處州麗水縣丞。一支渡江，中原離亂，不克歸，子孫遂爲中吳人。」《宋史》云：范仲淹「唐宰相履冰之後。其先，邠州（今屬河北）人也。」富弼撰范仲淹《墓志銘》也說：「公之先，始居河內，後徙長安，……遭亂，奔二浙，家於蘇之吳縣。」從這些材料看，仲淹一族並非世居中吳，而是後來舉家南遷，定居於此的。

范仲淹北宋端拱二年（八九八年）八月丁丑生於徐州。其父名墉，當時任武寧軍（今江蘇徐州市）節度使掌書記，仲淹即出生在他父親在徐州的官舍裏。不幸的是，仲淹兩歲時父親病故，母謝氏當時還很年輕，加之生活無著，後改嫁長山人朱文翰。朱文翰做過澧州安鄉（今湖南安鄉）知縣，景德初任淄州長史。仲淹隨母改嫁，從繼父改姓朱，取單字名說。大中祥符七年仲淹進士及第，爲廣德軍司理參軍，即迎母歸養。天僖元年（一〇一七年）遷文林郎，權集慶軍節度推官，仲淹上表請求回復本姓。他的異母三兄名范仲溫，從兄排行，更名爲仲淹，此時他已經二十九歲。仲淹爲能獲准復姓，有一道致宰相的書啓，中有一聯曰：「志在投秦，入境遂稱於張祿；名非霸越，乘舟乃效於陶朱。」戰國時人范睢不容於魏國，改名換姓爲張祿，西奔投秦，爲秦襄昭王所用，助昭王廢除穰侯，驅逐華陽君，實行一系列強公室杜私門的措施，終於使秦成帝業。范蠡助越王勾踐興越滅吳，因知勾踐長頸鳥喙，是一個可以同患難而不能共安樂的人，功成名就之後辭官退隱，更名爲陶朱公，泛舟五湖。仲淹書啓中的聯語用兩位范姓古人的典故，運典精切，用爲奇文，實可謂妙手偶得，以至傳誦一時。

仲淹在進士及第步入仕途之前，其少年時代和青年時代大體是在攻苦食淡的艱難生活中渡過的。景德初，仲淹隨繼父至淄州（今山東淄博），就讀於長白山澧泉寺，每日裏只以粟米熬粥，待冷凝之後分爲四塊，早晚各吃兩塊，至於佐食的菜餚，就更談不到了，常常只能「斷齏數莖，入少鹽以啖之。」二十三歲時得知身世，感泣辭母，隻身赴南都應天府（今南京）書院，其後直到進士及第，更是過了五年的「人不能堪」的苦讀生活。據仲淹《年譜》，仲淹在應天府書院「晝夜苦學，五年未嘗解衣就枕，夜或昏怠，以水沃面。往往饘粥不充，日昃始食。」《宋史》列傳第七十三記仲淹這一段時間的生活，與《年譜》所記也大體一致。其實，即使進士及第步入仕途之後，相當一段時間，他的生活狀況也並沒有太大的改變。晚年在《告子弟書》中仲淹回憶這一時期的生活時就談到：「吾貧時與汝母養吾親，汝母躬執爨，而吾親甘旨未嘗充也。」這應該是確實的。天禧元年徙集慶軍節度推官離開廣德時，仲淹無一點積蓄，只得賣掉唯一的一匹馬以充行資。

《孟子·告子章句（下）》說：「天將降大任於斯人也，必先苦其心志，勞其筋骨，餓其體膚，空乏其身，行拂亂其所為，所以動心忍性，曾（增）益其所不能。」之所以如此，想來大約也就在於正是人生的艱難坎坷、憂愁災患，磨礪了人的意志，堅韌了人的性情，強健了人的筋骨，增強了人的能力，使人能夠擔當起天賦的重任，去成就自己人生的功業。此即所謂生於憂患而死於安樂。證之仲淹，此論極是。也許真就是天將降大任於這位起於布衣的至性君子，而且命中注定他必須要經歷一番超出常人的坎坷蹇滯，因而要讓他在入仕之前經歷一番幼而失怙、長而無依的人生的困苦與艱難，用這困苦與艱難，爲他後來屢遭貶放數歷訾黜的坎坷蹇滯的人生程途，作一堅實的鋪墊。歐陽修撰《范公神道碑》說仲淹「去之南都，入學舍，掃一室，晝夜講誦，繼起居飲食，人所不堪，而公自刻益苦。居五年，爲文章論說，必本於仁義」。豈止是「爲文章論說，必本於仁義」。事實上，正是仲淹所歷由少及長這十數年的攻苦食淡，造就了他「益天下之心，垂千古之志」，求與天下同其安樂的大胸懷，成就了他「進者道之行，退者道之止」，樂道忘憂惟道爲行的至眞與至誠，同時，也鑄就了他許國忘家敢攖齏粉之患，直言立朝不避雷霆之誅，歷遭挫折而終無怨悔的堅韌與執著。

益天下之心，垂千古之志

古往今來，凡想成大事、能成人事者，都必有大志向、大胸懷、大自信，這似乎是一個不爭的事實。這種大志向、大胸懷、大自信，說到底，也就是超越一己憂樂，以天下爲己任，匡時救世，慷慨進取的人生態度，也就是那種「自信人生二百年，會當水擊三千里」的放達與豪邁。比如孔子之求「老者安之，朋友信之，少者懷之」的遠大理想；比如孟子所謂「萬物皆備於我」，「當今之世，如欲平治天下，捨我其誰？」用范仲淹的話說則是：「以萬靈為心，以萬物同體，思與天下同其安樂。」

《宋史》列傳第七十三說仲淹「少有志操」。確實，從少年時代起，仲淹就慨然有志於天下，懷一腔「利澤生民之志願」，而要「行救人利物之心」。在艱難中苦讀的仲淹對於未來職業的選擇，一是作宰相，一是作良醫。仲淹以為，「思天下匹夫匹婦有不被其澤者，若己推而內（納）之溝中」。「夫不能利澤生民，非大丈夫平生之志！」依仲淹看來，在上「能及大小生民者，固為相為然」，而在下亦「能及大小生民者，捨夫良醫，則未之有也」。那個時候的仲淹，就抱定了上安社稷，下憂生靈的壯志。他在南都應天府書院時所作的《睢陽學舍書懷》，詩中「多難未應歌鳳鳥，薄才猶可賦鷦鷯……但使斯文天未喪，澗松何必怨山苗」，也讓我們能真切見出一個青年仕子以天下為己任，希望馳騁於當世且有功於當世的遠大志向與豪邁胸懷。晚年的仲淹，在那篇傳之千古而不朽的名文《岳陽樓記》中，更是唱出了那衆人皆知的金石之聲：「先天下之憂而憂，後天下之樂而樂！噫！微斯人，吾誰與歸！」

不僅僅祇是一種志向或胸懷，這裏更有一種用如王佐，參決朝政的渴望。天禧五年，仲淹調監泰州西溪鹽倉。這位已經三十四歲，懷一腔濟世利民之志的青年政治家，烈士英年自然不甘於藏身海隅，默默無聞於荒島蒹葭之中。心中那腔思「與天下同其安樂」的激情，甚至促使他不避職低位卑，直接上書執政，坦率敘志，陳明自己希望能夠參決朝政，「朝夕執事於前」而能「以一言置左右」的心跡。他慨然以自己「可言天下之道」自薦於執政，所望只在「有功於當時，有垂於後世」。

仲淹的追求是否可以稱之為智，不同的人自然可以有自己的回答，也可以有自己的選擇。從某種意義上說，中國人似乎眞有自己的一套所謂心無外物，無功無名，在自我心造的、與現實功利保持一種距離而近於審美的「夢」園中隨遇安處的處世哲學。所謂「悠哉游哉，聊以卒歲」，所謂「大隱隱於世」，所謂「心遠地自偏」，所謂「夢裏不知身是客」。對於個體來說，這自然不能不算是一種應對人生憂苦的有效技巧。人生不如意者常十之八九，有時確實不妨對切於己身的現實憂樂保持一種達觀的態度，保持一種類似藝術鑒賞的「審美」距離。連仲淹也說過「人生樂少憂多，惟自適爲好」。但如果就一個民族而言呢？事實上，如果這種應世哲學變成了一種普遍化的民族心態，大約也不能不說是一種弊端。人常說玩物喪志，其實沉溺於心造的「審美」世界之中的「玩心」，又何嘗不是一樣的喪志？它的最終結局，大約不外是「雌了男兒」。

有大志向、大胸懷、大自信，才能思奮發，求進取。縱覽古今，如仲淹之以天下爲己任，求利澤生民而「有功於當時，有垂於後世」，其實是一代代仁人志士的一種共同的追求。古往今來，那些堪稱先哲的賢士君子，他們立身處世的行爲方式可以有不同，但他們能不以一身之微，而忘天下之憂，奮厲有當世志，卻總是大體相似的。不以物喜，不以己悲，居廟堂之高，則憂其民，處江湖之遠，濟世安邦之志亦長留於心。也正因爲這樣，歷史才得以記下了一頁頁慷慨豪邁的壯麗人生。

先哲們的這種人生追求，本身就能給我們以極大的啓示。在一本關於孟子人生哲學的小冊子裏，我曾經就先哲們這種人生追求談到過自己的一些膚淺的感受。我以爲，大而言之，這種自覺擔當天下重任的人生追求，由這種人生追求體現出來的那種自覺承當起社會良心的可貴的責任感，以及由這種人生追求和社會責任感出發而來的「席不暇暖」，拼力而爲的勤勉與執者，本身即是支撐一個民族不斷奮發進取、自強不息的精神內核。小而言之，即使如我輩大約很難眞正能夠以天下爲己任的芸芸衆生，生於世而立身於世，也不妨有一點能超越一己之私的人生追求，也應該有這樣一種人生追求。一個人立身於世，總該要做點有益於人的事情，也應該做點有益於人的事情。即使撇開以我們自己的勞心與勞力爲社會、爲民族做出或大或小的應有貢獻不說，我們也總該能盡到對我們周圍的朋友、親人應盡的義務和責任。即使僅僅要求自己做到這一點，也需要我們有一點超越一己之私的追求以及由這種追求而來的胸懷。人生在世，上壽不過百年，與無始無終的時間長河相比，實在是太短暫。如果我們將這短暫的一生僅僅限定在自我一己的小圈子裏，不是也太狹隘、太可憐了嗎？

其實，我以爲還不僅僅如此。從人生憂樂的層面看，這種以天下爲己任的人生追求，也是我們能夠超越自身一己憂樂，而最終能成一快樂人生的必要條件。如仲淹所言，人這一生確實是樂少憂多。但從本質上看，我們常常能夠感到的切於己身的憂苦，實際上總與我們不能超越一己得失有關。一個祇為自己一己得失汲汲於道，為自身榮辱貴賤斤斤計較的人，不可能有「不以物喜，不以己悲」，也不可能有樂道忘憂。正如一個慳吝刻薄的守財奴，即使將他埋在一座金山裏，他也不可能有眞正的生之樂趣，因為人的私欲總是無以厭足的。這裏的關鍵，恐怕還是在於要能「不以一心之戚，而忘天下之憂」。換句話說，就是應該有大道存於胸中，由此而成先憂後樂至少不斤斤於一己之私的胸懷，我們才能眞正超越現實的憂苦，而進入一種更高的人生境界。觀仲淹一生，幼而失怙，青少苦學。長而入仕，也是風波不斷，連蹇滯礙，成少敗多。用一般人的眼光看，實在是談不到順遂安樂。但他似乎從不以為當憂，也從不以為是苦。青年時代的攻苦食淡，「人不能堪」，而「仲淹不苦也」。三出專城，連朋友都以為是「事將乖而獻忠，人反謂爾多凶」，而仲淹卻是「從今愈識逍遙旨，一聽升沉造化爐」。即使在人生最晦暗的時候，他也能自適自安亦有自樂。如果不是有超越一己憂樂的人生追求，又何能如此？

心焉介如石，可裂不可奪

「心焉介如石，可裂不可奪。」這是仲淹景祐三年第三次遭貶，在貶所饒州給朋友的一首唱和詩中的兩句。這首詩的末兩句是：「豈獨世所非，千載成迂闊。」

景祐三年，仲淹以吏部員外郎權知開封府，當時的宰相是深於世故，善於守成的呂夷簡。呂夷簡在位日久，「以大爲小，以易爲難，以未成爲已成，以急務爲閑務」，且「頗務收恩避怨，以固權力」，以至倖進之徒奔走於門下。仲淹向仁宗進《百官圖》，指斥呂夷簡培植私人，進用僥倖，甚至直接將他比作漢成帝身邊敗壞朝廷家法的張禹，提醒仁宗整肅綱紀，不能將近臣進退盡皆委決於宰相。如此作爲，自然要遭到呂夷簡的反擊。呂夷簡在仁宗跟前指責仲淹「越職言事，薦引朋黨，離間君臣」，將仲淹貶出京師，且將支持仲淹，爲仲淹不平的余靖、尹洙、歐陽修等人都以朋黨之罪一同貶放，釀成北宋歷史上那次震驚朝野的朋黨之災。

仲淹說自己「豈獨世所非，千載成迂闊」，這還眞可以看成是他對於自己頗有自知之明的一種評價。仲淹確實也是迂闊得可以。事實上，景祐三年言忤宰相而招貶放，在仲淹既不是第一次，也決不是最後一次。此前天聖七年，他以一無進言之責的小小秘閣校理上書諫止仁宗率百官爲章獻太后朝拜上壽。而當時的現實是章獻奉眞宗遺詔垂簾聽政，滿朝文武畏太后權勢，「無敢言者」。人無敢言而仲淹言之，天聖八年他甚至直接上書章獻，敦請她「卷收大權，還上眞主」，終於「以言忤章獻太后旨，通判河中府、陳州。」一去三年，直到章獻死後才得召回京師。明道二年，仲淹召回京師不及一年，又因與孔道輔等人伏閣諫阻仁宗廢后，被打發出京師，貶知睦州。康定元年，仲淹五十二歲，除龍圖閣直學士，與韓琦並爲陝西經略安撫副使兼知延州。按說二十多年宦海浮沉，又是屢遭貶黜的人，也該知道改改自己迂闊而不識時務的脾氣了。但仲淹卻不。慶曆二年，朝廷用韓琦策，決定對西夏用兵，要求西北邊關幾路同時出擊。但仲淹以爲邊備不修，國力不足，一旦興深入用兵之謀，安危未可逆料，因而堅決主張以防禦爲主而反對冒然進兵。最後硬是頂住來自各方的壓力，不肯遵命出戰。他甚至在給仁宗的上書中引用《孫子兵法》所謂「戰道必勝，主曰無戰，必戰可也；戰道不勝，必曰必戰，不戰可也」，表明自己不顧衆議不肯進兵的決心。

說起來，有任天下之志是一回事，而行任天下之實，則又是另一回事。以客觀方面看，這裏本身就有一個允不允許你以任天下之心，行任天下之實的問題。比如皇帝老兒以及那些已然身居高位的專權擅政者，關心的衹是自己屁股底下的那張寶座或頭上的那頂烏紗，而並不在乎天下人是不是眞的安樂。你要讓天下人安樂，他們就有可能不得安樂，要以天下爲己任，要先天下之憂而憂，就求與天下同其安樂，就不能不有「逆」，就不能不有「忤」，所謂「危言多犯」，「立身必孤」。生殺大權握在別人手上，犯忤之間，不小心，失位去官還是輕的，弄不好，甚至會丟了身家性命。說到底，眞正的先憂後樂，確實必先出以卓爾不群之至性，能持道獨行而不計進退，不計得失，然後方可爲之。仲淹所爲，正在於此。其實，以仲淹的明智，他也並非不知道這犯忤之間會給自己帶來怎樣的後果。明道二年貶知睦州，他在給仁宗的謝表中就談到：「臣非不知，逆龍鱗者，掇齏粉之患；忤天威者，負雷霆之誅。」慶曆元年，反對朝廷冒然對西夏用兵的決定，在給朝廷的《論不可乘盛怒進兵奏》中，他也說到：「臣非不知，不從衆議則得罪必速。」但即便如此，因爲事關國家成敗安危，他也還是要「有犯無隱」，決不「鉗口以安身」，所謂「理或當言，死無所避」。

這正是仲淹之迂闊處，也正是仲淹之令人敬仰處。

仲淹的迂闊，仲淹「有犯無隱」的廷爭面折，乃至安於淸儉的廉潔自守，實際上是他一生砥礪名節，倡揚名節，持節立身，惟道爲行的人生追求的具體體現。對於尙名守節，仲淹也有他不同於一般人的看法。道家講無名，比如老子就曾提出過「身與名孰親」的問題，是說人不知愛其名不如愛其身之親。莊子也強調「爲善近名」，以爲善而近名則人將嫉之，非全身之道。這樣一些說法，一般也被人們視爲明哲，即使老百姓大約也都能接受，例如俗語就有「人怕出名豬怕壯」，「出頭的椽子先爛」等說法。仲淹以爲，老莊之說的消極遁世、明哲保身，實不可爲士人所效法。無名無爲，但求全身，而至於非爵祿可加，非賞罰可動，這樣的人豈能爲國家所用？天聖七年諫止仁宗率百官爲太后上壽，言人之所不敢言，震動朝野，連薦他爲秘閣校理的晏殊亦「大懼」，召而責之，以爲「衆或議爾以非忠非直，但好奇邀名而已」。仲淹由此以《上資政晏侍郎書》慨然自辯。在這封書啓中仲淹就直言不諱地談到：「若以某邀名爲過，則聖人崇名教而天下始勸。……人不愛名，則聖人之權去矣。經曰『立身揚名』，又曰『善不積，不足以成名』，又曰『恥沒世而名不稱』，又曰『榮名以爲實』。是則教化之道無先於名，三古聖賢何嘗不著於名乎！某患邀名之未至爾。」仲淹甚至認爲，即使崇尚名教而有「假忠孝而求名」者出，也總比不惜名節不知榮辱，以至道德敗壞、弑父叛君、唯欲是從者強。人不愛名，即使「有刑法干戈，不可止其惡也」。晚年的仲淹，於無奈求退之後，更是「素心直擬圭無玷，晚節當如竹有筠」，眞正是「心焉介如石，可裂不可奪」。

如何看待仲淹的尙名守節，如何看待仲淹由尙名守節而成的迂闊，對於我們今天的許多人來說，一定是因時因地因人而有歧異的，這就正如對於名節的態度，對於道義的看法，會因爲人的品質和追求的不同而必有歧異一樣。而且，在這樣一個享樂和功利似乎已經成爲人們衡量自身生活質量的普遍標準的時代，人們大約更難毫無滯礙地接受如仲淹之尙名守節而成的迂闊了。但是，無論如何，人的精神的清潔似乎並不能如此簡單地丟掉，人類生活中也總該有超出個體享樂，能夠體現人類發展的高級方向的東西在。應該說，仲淹以道義自許，心存經世，砥礪名節惟道爲行的忠直，也正體現著一種精神的清潔，代表著人類自我發展的高級方向。就一位先賢所能給予後世的啓迪而言，只要有這一點，大約也足以垂範千古了。

進者道之行，退者道之止

范仲淹一生，實可謂連蹇滯礙，坎坷多舛。查仲淹《年譜》，自大中祥符八年二十七歲進士及第步入仕途，到皇祐四年六十四歲病逝徐州，三十七歲宦海浮沉，他眞正得其位而能用其才，且勉強算得上能騁其才而較少掣肘的時間，加起來不過三五年。二十七歲到三十九歲循宋代官員升遷的「勘磨」之制，一直在推官、稅監、學官等低職上徘徊，以至不得不上書右丞慨然自薦。天聖六年四十歲時由晏殊薦爲秘閣校理，不及一年，就因諫止仁宗率百官爲太后上壽和疏請太后還政，出京師通判河中府、陳州，一去三年，直到章獻太后去世才得召回京師。又是不及一年，因諫止仁宗廢后貶知睦州。景祐二年，除禮部員外郎、天章閣待制，召還汴京，也就一年兩個月的時間，又因言忤宰相，罹朋黨之災而落職知饒州，徙潤州，移越州。康定元年朝廷因邊關吃緊，仲淹被重新起用，直到慶曆三年除樞密副使，旋拜參知政事，這三、四年間，還算是眞正可以爲國家爲百姓做一點事情，但這其間也有慶曆元年因「私辦」外交被降職知耀州的「故事」。慶曆三年備位兩府，身爲輔相，照說是應該可以做一番轟轟烈烈的事業的，他和富弼、韓琦等人一起，也確實把「慶曆新政」弄出了一個轟轟烈的開頭。可又是未及一年，在夏竦、王拱辰等人的攻擊之下不得以乞罷參政，出巡邊關，隨後便是流落外州，於邠、鄧、杭、青諸州間徙來移去，直至去世。

仲淹的這一番經歷，讓人很自然地聯想到稍晚於他的那位至性才子蘇軾的遭遇。建中靖國六年徽宗即位，蘇軾得赦自海南北歸，遊鎮江金山寺，有一首《自題金山畫像》，詩中用「問汝平生功業，黃州、惠州、儋州」總結自己的一生。屢遭貶黜，抱負空落，一代英才在回首平生時，祇餘三個貶居之地，這其間有幾多悲涼、幾多辛酸！仲淹沒有留下類似蘇軾那樣的詩句，但晚年自覺不久人世時，回首平生，大約也不能不有幾絲「委經綸於一夢」的功業無成的蒼涼的。他在去世前給仁宗的《遺表》中總結自己的一生時，就屢言自己「恥爲幸人，竊論國體」，但也「間斥江湖之遠」，由於「大忤權貴」終至「幾成廢放」。「預中樞之密勿」，「參大政之機微」，本來希望能「副於倚毗」，成就一點事業，但「事久弊則人憚於更張，功未驗則俗稱於迂闊。以進賢援能爲樹黨，以敦本抑末爲近名」，最後也祇能「懇避於鈞衡，……一違近署，五易名城」，直至「請麾上穎」，「息鞍東徐」。一份六百餘字的《遺表》，無一字及於家事，卻有三分之二自敘這屢屢罹禍遭貶的經歷。筆敘之時，空有一腔抱負而有志難展的感憤，應該是不可避免的。

不過，仲淹於連蹇多舛中似乎大體也能自適自安而絕少自傷自艾。諫止廢后貶知睦州，於富春江畔、子陵灘前面對四來的群峰和盈窗的葱翠，他「大得隱者之樂」甚至「惟恐逢恩，一日移去」。言忤宰相「三出專城」，於饒州這古來中酒之地夏遊廬山，秋賞黃菊，冬見早梅，春沐和風，所得的感受是：「從今愈識逍遙旨，一聽升沉造化爐。」他似乎是榮辱得失盡皆置諸腦後了。「慶曆新政」失敗乞罷參政，於邠、鄧、杭、青之間，他於偃息養顏中更是「願預逍遙九老中」，「是非何極任循環」。在《中元夜百花洲作》一詩中他就描述了自己的逍遙：「南陽太守清狂發，未到中秋先賞月……一笛吹銷萬里雲，主人高歌客大醉。客醉起舞逐我歌，弗舞弗歌如老何。」狂發賞月中能夠大醉起舞，想來確實是有幾分逍遙的。

或寄情山水，或放意文酒，捐棄功名榮辱的欲念，用大自然的清風明月來安撫自己受傷的心靈，求得一種由自慰而來的放曠逍遙終至能自適自安，這大體是中國古代知識分子在蹇滯失意之時的一種自然選擇。不過，仲淹於貶放之中的逍遙也與一般遷客騷人自慰的逍遙有所不同。仲淹的不同在於，他的逍遙更表現爲一種將個人榮辱得失置之度外之後，持節而行，惟道爲行而心無愧悔的曠達。用他自己的話說，即所謂「進者道之行，退者道之止」，所謂「無功可上凌煙閣，留取雲山靜處看」。不汲汲於一己去留得失，不斤斤於個人是非榮辱，所求者不過就是盡於人事之後的理足而無憾，自然也就不會沉溺於個人進退之中不能自拔了。正因爲如此，他也才眞正能夠「不以物喜，不以己悲」。眞正有「居廟堂之高，則憂其民，處江湖之遠，則憂其君」。也才眞正能超越一己憂樂而「先天下之憂而憂」且「進亦憂，退亦憂」。也正是因爲如此，仲淹即使在得罪遭黜時的「一聽升沉造化爐」的逍遙，其實也並不是全不以國事上心而祇求「採菊東籬下」終而「心遠地自偏」的逍遙。正像他自己說自己的：「某連蹇之人，常欲省事，及觀民患，不忍自安。」言忤宰相貶知饒州，後移知潤州。在《潤州謝上表》中他就一再申言自己「徒竭誠而報國，弗鉗口以安身」，「長懷霜潔，至效葵傾。進則持聖政之方，冒雷霆而不變；退則守恬虛之趣，淪草澤以忘憂」。——他可以不把進退榮辱繫之於心，但也決不能將國、民安樂釋之於懷，只要有可能，他照樣是「理或當言，死無所避」。

這也正體現著仲淹人格操守的另一個側面，即「不以毀譽累其心，不以寵辱更其守」的至誠無欺，終始如一。這至誠無欺，說到底，也就是出以至性而不欺於己，持以至誠而無欺於世，守本色而不虛飾矯情，更不混世盜名，向世人展示一個完整淸白的自我。

不用說，一個人立於世，行於世，是不能缺少了這立身的至誠和面世的無欺的。從個體人生來看，是不能欺。欺己則必屈己，屈己從人，屈己從物，亦必不能昂然自得，了無愧畏，我們自己的本眞也就必然喪失了。一個失落了自我本眞祇知趨炎附勢人，也必然不會有無所掛礙的生之歡樂，勉強了自己去違心受「憋」，如此人生亦必了無生趣。從世道人心來看，則是不可欺。人心是秤，歷史也是見證，即使得欺於當世，也必不能欺於後來，混世盜名，終歸不能長久。其實，即便是當世，也並不一定可欺。春秋時齊國卿相崔杼弑齊莊公，當時就有「大史」不懼權勢記下「崔杼弑其君」。崔杼殺了這位「大史」，「大史」二弟接著仍是寫「崔杼弑其君」。二弟被殺，三弟接著寫，還是「崔杼弑其君」。三弟被殺，輪到四弟，仍然是「崔杼弑其君」。崔杼最終也祇能是徒喚奈何，收起屠刀。崔杼殺史官自然爲掩其弑君之實以欺世，但終於因爲有不怕死的良史在而不能得逞。其實，即使他第四次殺人，又能怎樣呢？一世的人都心清目明，他總不至於殺了所有的人而祇留下他一個吧？

仲淹一生，自進士及第入於仕途，至皇祐四年退知穎州病滯徐州未至而卒，凡三十七年，歷知睦州、蘇州、饒州、潤州、越州乃至邠、鄧、杭、青諸州，權知開封府，所至有聲，是爲名吏；以龍圖閣直學士任陝西經略安撫副使，改環慶路經略安撫使，遷陝西安撫經略召討使，平靖邊關，是爲名帥；除秘閣校理、徙右司諫，拜樞密副使、參知政事，位列輔相，主持新政，直言立朝，是爲名臣；數罹貶黜，三出專城，進退不懼，持節自安，寵辱不驚，通脫達觀而倜儻風雅，是爲名士。與仲淹同爲北宋名臣的韓琦稱仲淹「前不愧於古人，後可師於來哲」。金元遺山稱頌仲淹爲「求之千百年間，蓋不一二見」。觀仲淹一生爲人風節，我們可以知道，這些確實都不是虛譽之辭。

由少及長的攻苦食淡

「人生憂多樂少，惟自適爲好。」這是范仲淹慶曆新政失敗之後貶居鄧州（今河南鄧縣）時，給他異父母兄弟朱氏兒子的信中的一句話。時爲慶曆七年（一〇四七年），此時仲淹已經五十七歲。宦海沉浮，數遭貶放，一生之中想做也確實勉力而行地做了一些事情，但眞正算得上成功的，也實在是不多。回首平生，正如他自己在那篇傳之千古的散文名作《岳陽樓記》中所說，他這一生，的確是「進亦憂，退亦憂」，然而憂之甚切卻得樂無多。五十七歲時終而至於發出「人生憂多樂少」的感嘆。這種感嘆亦當是得之於他自身人生感悟的切身之嘆。

幼年失父

范仲淹一生，確實是「憂多樂少」。而且，似乎是命運一定要對這位未來的名士能臣加以一種特別的磨礪，好讓他那在經歷數十年宦海風濤仍無怨無悔地唱出的「先天下之憂而憂，後天下之樂而樂」的金石之音，更有一種特別感人的韻致和光輝，以至於從他幼年時起就讓他品嘗到許多遠超出一般人之上的艱難和辛酸。

范仲淹北宋端拱二年（九八九年）八月生於徐州，他的父親范墉其時在徐州武寧軍節度掌書記任上。范仲淹是范墉最小的兒子。一個州府的節度掌書記實際是一個位不高祿不厚的小吏，自然比不得王侯貴胄之家，不過，儘管如此，如無兩年之後的意外，仲淹大約也不至於在過於貧寒中渡過他的幼年及青年時代，至少不至於在未及成年便要品嘗一些本不該品嘗的憂憤。不幸的是，在他兩歲的時候，父親病逝於徐州。父親遺骨歸葬蘇州吳縣天平山祖塋之後，母謝氏改嫁朱家。仲淹隨繼父改姓，取名朱說。他的繼父朱文翰也是一位朝廷小吏，做過澧州安鄉（今湖南安鄉）縣令和淄州（今山東淄博市南）長史。

兩歲的仲淹其實並不能知道自己的身世，而且繼父朱文翰大約也能善待這後續的孤兒寡母。仲淹母子隨朱文翰先後遊歷過許多地方，且少年時期的范仲淹也一直沒有中斷過學業。《范文正公集》附錄《褒賢祠記》卷二《文正公讀書堂記》，便記有朱文翰任澧州安鄉縣令時，仲淹「侍母偕來，嘗讀書於老氏之室曰興國觀者，寒暑不倦」。後來仲淹還隨朱氏到過池州（今安徽貴池）。池州州治之東爲青陽縣，距青陽十五里的長山，也是仲淹少年時代讀過書的地方，後來人們將長山改名爲「讀山」。

但仲淹的少年時代仍然是在一種十分艱苦的境遇中渡過的。景德至大中祥符二年前後，朱文翰任淄州長史，仲淹相偕至淄州，讀書於長白山醴泉寺。《范文正公集》附《年譜》載：長白山苦讀時，仲淹日常所食，也就是「日作粥一器，分爲四塊，早暮取二塊，斷齏數莖，入少鹽以啖之」。——每天煮兩升粟米粥，攤涼之後切分爲四塊，早晚各吃兩塊，而就粥的菜餚則是少許鹽拌的切成碎段的韭菜。這是一種怎樣的艱苦的生活！而如此艱苦的苦讀生活，仲淹一過就是三年。

此時的仲淹是否已經有了自己對於人生憂樂，特別是他後來所說的人生本來就是樂少憂多的某種初知和感悟呢？

想來應該是有的。事實上，人生在世，大約總不能全不問人生的甘苦憂樂。對於一般人來說，也許可以不必去追究自己爲什麼會來到這個世界，也可以不去追問自己來到這個世界上究竟爲了什麼，換句話說，也就是生而可以不去問其所以然。因爲對於每一個人來說，由什麼人在什麼時候把我們帶到這個世界上來，實在是不能由我們自己作主的，同時，對於大多數人來說，我們已經生而存於此世，求生謀活似乎可以成爲超越許多具體人生目標的大目的，生而存於此世就得活下去，而且要盡可能地活到不得不離開這個世界的那一天，這似乎也是一個不爭的常識，連古代聖賢也有所謂「天地之大德曰生」的說法。既然是一個不爭的常識，一般人自然也可以保持一種不疑不問的態度。

但無論是誰，對於人生而存於此世的甘苦憂樂卻不能不問，也沒法不問。因爲對於我們每個人來說，人生的甘苦憂樂，總是切身的大事。即使僅僅把求生謀活看成人生的唯一目的，具體到「生」得怎樣「活」得如何，就自我切身感受來說，也總有一個甘苦憂樂的問題在。對於什麼是甘和什麼是苦，對於因何而憂或爲何而樂，不同的人據以不同的理由，自然可以有不同的看法，比如日出而作日入而息，面朝黃土背朝天的日間勞作，在一般人看來也許是苦，而在陶淵明卻有「秉來歡時務，解顏勸農人……雖未量歲功，即事多歡欣」之樂。但無論是甘是苦，這甘苦憂樂本身卻終歸是實實在在的。而且，從另一個角度看，對於甘苦憂樂的趨避，常常還是我們處理人生問題，一事當前決定取捨時，總會不自覺地引以為據的原則。比如我們總是趨甘而避苦，從樂而不願憂。所以，生而在世，我們事實上也不可能不問憂樂。

感憤自立

不過，這裏確實也有一個如何去問的問題。就仲淹而言，幼年喪父本為人生一大不幸，而隨母改適異姓，大約還會有寄人求生的委屈在。作為一個異姓之子，更難承受的大約也就是這寄人求生的委屈。《范文正公集》附《年譜》錄《家錄》中的一段文字，就透露出一些這樣的信息：

公以朱氏兄弟浪費不節，數勸止之。朱兄弟不樂，曰：「我自用朱氏錢，何預汝事？」公聞此疑駭。有告者曰：「公乃姑蘇范氏子也，太夫人攜公適朱氏。」公感憤自立，決欲自樹立門戶，佩琴劍徑趨南都。

這個時候，范仲淹二十三歲。二十三歲方始知道自己的身世，且是在遭到自己異父母兄弟「我用我朱家的錢，關你什麼事」的搶白，於疑駭之下才探知自己的身世，心中所起的悲愴與感憤，自然可想而知。據說仲淹得知身世，感憤自立，毅然離開朱家「徑趨南都（今南京）」，赴應天府書院讀書時，他的母親哭著追出去很遠，想讓他回去留在自己身邊，他甚至都沒有回頭顧望。

自立是不容易的。《范文正公集》附《年譜》載，他在應天府書院「晝夜苦學，五年未嘗解衣就枕。夜或昏怠，以水沃面。往往饘粥不充，日昃始食」。冬夜讀書倦怠思睡，就用冷水澆臉。日以稀粥爲食，還常常吃不飽，而且每天到很晚才有得吃。這五年的攻苦食淡，以我們看來，無論如何應該算是苦的。但范仲淹卻並不以爲是苦。當時，南部留守的兒子也就學於應天府書院，對范仲淹很是同情，就把他在書院苦讀之狀告訴自己的父親。南部留守讓兒子把官府爲自己備辦的飯菜送一份給仲淹，仲淹卻謝絕了。他謝絕的理由很簡單，他說自己吃粥慣了，也不覺得有什麼不好或者有什麼苦。而一吃好的，就會以吃粥爲苦了。

確實，這個世界本來就不能盡如人意，如古人所說，「世界從來缺陷，天傾西北，地陷東南，天地尚且如此，何況人乎？」我們雖不必如佛家徹底否定凡俗人生的快樂與幸福，把現世人間看成是一個充滿無邊苦難的「娑婆世界」，但生活中不如意事常十之八九，卻是我們總能切實地感受到並不得不承認的。即就人生所能得到的快樂而言，歸根到底，也不過是一種瞬間的感受，而長留於心的總是那種難言的憂苦，不說別的，日常生活中一夜睜眼盼曉的輾轉失眠，一個盼而無來的約而不會，一次無可奈何的虛與應酬……就能讓我們覺得苦不堪言甚至品出一些永劫不復的況味。何況生活中更有愛而不得的永久的相思，有求而無獲的徹骨的絕望。這些也是我們都可能切實感受到也不得不承認的，除非你無知無覺，或者你拒絕去感受。一個正常的人又哪裏會無知無覺？動之於心而切之於身，想拒絕又哪裏能充許你拒絕？

不過，生活中，一事當前是苦是樂，說到底，還是由我們自己的心理情緒決定的。所謂的樂，不過就是一種感覺上或者情緒上的快適，而這種快適，說到底，是來自我們不斤斤於眼前得失的心無掛礙，而決不是一種單純來自於生理的刺激或者感官的享受。一桌精緻的美味佳餚，一杯甘洌醇厚的陳年好酒，會讓我們感覺快適，決不祇是因爲他們對我們的味口，而是因爲我們心無掛礙而能夠輕鬆地去品嘗去回味。相反，如果是在有情人問泣血相別的時候呢？恐怕再可口的佳餚再醇厚的美酒，吃喝起來也都會像崔鶯鶯在十里長亭所唱的：「將來的酒共食，嘗著似土和泥」，「暖融融玉醅，白冷冷似水」。

以清儉自甘

人生的甘苦憂樂，其實都是我們得之於心的一種個體化的心理體驗，是由個體的自我精神和心理欲求所決定的，也既憂是憂自己，樂是自己樂，所以，何者為苦，何事可憂，又何能取樂，不同的人都會有自己切身的感受，也會有自己的看法。這似乎也是我們應該承讓的，要不然，我們就無法解釋為什麼同樣的事情或者經歷，一個人看來是苦，而另一個人卻不以為是苦且樂之不疲。比如《墨藪》載，魏鍾繇酷愛書法，於韋誕處見蔡邕法書，遺憾自己不得，連續三天捶胸自嘆，胸盡青，嘔血幾死，幸而有魏世祖五靈丹救之得活。韋誕死後以蔡邕法書隨葬，鍾繇甚至令人盜掘其墓而求之。在我們看來，鍾繇留意於物而不能自釋其懷，以至於「捐軀忘身」，應該是很苦的，但依常情推測，他自己於此中也許得樂多多，不然他也就不會如此孜孜不輟了。

證之范仲淹，似乎也是如此。

范仲淹說慣了也就不以爲苦了，也當是他自己切身的體會。觀察他的一生，他也實在是一個能忍苦，能吃苦，不以苦爲苦的人。少年貧苦，自不待言。進士及第得入仕途之後，相當長的一段時間內生活也並沒有太大的改變。大中祥符八年，他被派廣德軍（今安徽廣德）司理參軍，主要管理獄訟事務。此時他將母親迎來廣德俸養。母親慈愛過人，對自己兩歲喪父的幼孤特別的憐愛，仲淹少時體弱，爲保佑兒子平安，這位善良的母親斷葷食素，每日夜叩星象，長齋繡佛，二十年之久不曾間斷。仲淹離朱家時，母親「率常殞泣」，幾年下來，「幾至喪明」。但仲淹將母親接來廣德，過的仍然是窮儉的生活。他後來給自己的孩子的信中回憶這段生活時就談到：「吾貧時，與汝母養吾親。汝母躬執爨，而吾親甘旨未嘗充也。」妻子親執炊事，母親也常是粗茶淡飯，可以想見他那時生活的清苦。仲淹天禧元年（一〇一七年）遷文林郎，權集慶軍（今安徽亳州）節度推官，據說離廣德赴亳州上任時，連盤纏都沒有，只有賣掉唯一的一匹馬作爲行資。

其實，即使他出將入相，成爲朝廷重臣之後，生活也仍然十分儉約，「門中如貧賤時，家人不識富貴之樂」，「非賓客不重肉，妻子衣食僅能自充」。而且他還常以儉約訓戒子弟。《五朝名臣言行錄》載：次子「純仁娶婦，將歸，或傳婦以羅爲帷幔者，公聞之不悅，曰『羅綺豈帷幔之物耶？吾家素淸儉，安得亂無家法！』」

范仲淹說「人生憂多樂少，惟自適爲好」。這裏的「惟自適爲好」，就包含了這層意思。人生快適在自適，自適了，也就有可能超越苦樂本身，也就無所謂苦或者樂，甚或即使是苦也能苦中見樂、苦中尋樂。范仲淹安於吃粥啖齏，自己覺得很安逸，也就不覺得有什麼不好或者苦，其實也就是自適之後對於苦樂本身的一種超越。

人生憂多樂少，惟自適爲好

人生憂多樂少，惟自適爲好，這其實是古代先賢們面對人生的一種大致相似的態度。比如同爲北宋名士而稍後於仲淹的蘇軾，宋神宗熙寧七年爲躲避朝廷黨爭之禍自求外放任密州知州時，窮約困厄，「家日益貧」，「齋廚索然」以至祇求一飽都不可得，曾與同事每日「循古城廢圃求杞菊食之」。本爲一方太守，竟至如此清貧，以至於饑不擇食，餓到嚼嚙草木，以杞、菊的莖葉花實果腹充饑的地步，無論心理上或生理上應該都是很難受的。但蘇軾好像也不以爲意。他在《後杞菊賦》中就說道，「何者爲貧，何者爲富，何者爲美，何者爲陋」，其實並不能有一個可以定於一的標準。晉人何曾富比王侯，日食萬錢，但每日裏面對擺出一丈見方的珍羞美味，卻感到「無下箸處」；相反，庾景行「清貧自業」，日食唯有韭菜，他卻過的有滋有味，自創韭菜三種吃法，戲之曰日食「三九（韭）二十七」道菜。何曾之富，卻富出窮人常有的貧寡，景行之貧，卻貧出富人沒有的滋味。蘇軾說自己「以杞爲糧，以菊爲糗，春食苗，夏食葉，秋食花實冬食根」，大約也可以如晚年居於西河的子夏或南陽酈縣甘谷中的人一樣，可以有百歲長壽。

這裏的自適，不是指那種無所欲求的無思無慮或諸緣盡捐的不憂不愁，而是指一種能常懷常人之思，即其所居之位，樂其日用之常，「用捨由時，行藏在我，袖手何妨等閑看」的心態。能注意保持這樣一種心態，我們也就大致可以做到隨緣自適，隨遇而安，所謂知足者常樂。人生的憂苦，說到底都是來自我們自身欲望的不能滿足。「人之所欲無窮，而物之可以足吾欲者有盡。」有欲望於心而不能滿足又不能自釋，自然也就常常憂戚於心。如此境遇之中假若我們不能隨緣自適，隨遇而安，除了「清宵獨坐，邀月言愁，良夜孤眠，呼蛩語恨」之外，大約也別無可以釋解的良策了。而知此這般，又豈不累煞！

而且，就人的成長而言，能經歷一些憂苦災患事實上也並不是一件壞事。孟子說：「人之有德慧術知者，恆存乎疢疾。」又說：「生於憂患而死於安樂。」這其實是一般人都懂得的道理。即如范仲淹，南宋偏安時期的劉宰評他爲「北宋第一人」，金元遺山稱他「在布衣爲名士，在州縣爲能吏，在邊境爲名將，在朝廷則又孔子所謂大臣者，求之千百年間，蓋不一二見」。之所以如此，與他幼失親怙，長於清寒的經歷無論如何是分不開的。青少年時期於清貧儉約攻苦食淡中的力學苦讀，塑就了他「不以物喜，不以己悲」，「事上遇人，一以自信，不擇利害為趨捨」的心性，也成就了他身為布衣而心憂天下的大志。歐陽修撰《范公神道碑銘》說范仲淹「去之南都，入學舍，掃一室，晝夜講誦。繼起居飲食，人所不堪，而公自刻益苦。居五年，大通六經之旨，為文章論說，必本於仁義」。南都五年，正是仲淹察知身世，離開朱家，感憤自立求學於應天府書院最為艱苦的五年。也正是這五年於「人所不堪」中的「自刻益苦」，使仲淹對他後來力倡且力行的儒學精神有了更加深切的體會。

假如范仲淹沒有親歷這五年的「自刻益苦」呢？

不以一心之戚，而忘天下之憂

「不以一心之戚，而忘天下之憂。」這是范仲淹天聖五年丁憂居喪期間，「冒哀上書」當時執政王曾言朝廷大事時，就自己為何居喪越禮，冒哀上書所作的剖白。天聖五年，范母去世，仲淹丁憂居於南京。時晏殊罷樞密使出守南京，曾請仲淹督掌府學。居喪期間，除應請訓督府學中的學生之外，仲淹大體過的是一種摒戒交遊，門巷寂寥的生活。但他仍心繫朝廷，上書宰相，言朝廷得失，生民利病，且洋洋灑灑，長至萬言。按當時禮制，「居親之喪，上書言事，實為『逾越典禮』」，即使不獲「有誅無赦」的處罰，也會以冒取聲名而「取笑天下」。但仲淹以為，冒哀上書，孝雖不逮，但忠不可忘，既為「四海生靈，長見太平」，便不可為自己身名之計。這也就是所謂「不以一心之戚，而忘天下之憂」。

心憂天下的胸懷與志向

我們從這裏看到的是仲淹以天下為己任，位卑祿微卻心憂天下的胸懷和志向。

吳曾《能改齋漫錄》卷十三記仲淹少時，曾於一靈祠禱問，請神靈宣示自己學成之後可為宰相否，神曰不能，仲淹對神說，既然不能為宰相，那是否能做個良醫呢？身居廟堂之高而「能及大小生民者，固為相為然」。「在下而能及大小生民者，捨夫良醫，則未之有也」。不為良相，則為良醫，仲淹之憂於生民利病，其志其誠，實在可感可佩！

范仲淹於大中祥符年間在應天府府治所在地睢陽府學苦學時，曾賦《睢陽書舍書懷》詩以言志。詩云：

> 白雲無賴帝鄉遙，漢苑誰人奏洞簫。
> 多難未應歌鳳鳥，薄才猶可賦鷦鷯。
> 瓢思顏子心還樂，琴遇鍾期恨即銷。
> 但使斯文天來喪，澗松何必怨山苗。

詩中「歌鳳鳥」典出《論語》。《論語·微子》記孔子周遊列國時遇楚國狂士接輿，接輿在孔子的牛車走過自己的身邊時，向孔子唱鳳鳥歌：「鳳兮鳳兮！何德之衰？往者不可諫，來者猶可追。已而，已而！今以從政者殆而！」接輿的歌鳳鳥，意在勸孔子不要如此栖惶於道，熱心用世。「賦鷦鷯」語言《莊子》：「鷦鷯巢林，不過一枝。」西晉張華成名入仕之前，曾做《鷦鷯賦》，阮籍讀過，深爲讚賞，以他爲「王佐之才」。仲淹詩中用此二典以明志，抒發的是他雖生於多難但決不自歌鳳鳥，自求隱沒，而要以濟世之才得王佐之用的抱負。

孔子周遊列國宣仁講義時被拘禁於匡地，曾說過一段很自信的話：「文王既沒，文不在茲乎？天之將喪斯文也，後死者不得與於斯文也；天之未喪斯文也，匡人其如予何？」這位生於亂世而熱心救世，懷「老者安之，朋友信之，少者懷之」的理想，席不暇暖，駕老牛破軍奔走於列國之間的先哲，用這段很自信的話表述了他知其不可而勉力爲之的令人感動的堅韌與執著。年輕的仲淹在吟出「多難未應歌鳳鳥，薄才猶可賦鷦鷯」時，自然不能不同時想到這位先哲身處困厄時說過的話。「但使斯文天來喪，澗松何必怨山苗。」這位二十多歲的青年已經成就了他以天下爲己任的胸懷。

仲淹的自甘清貧，「惟能忍窮」，除了他自己所說的能「自適」之外，應該也與他心存濟世憂民，匡扶社稷的高遠志向有關。這位未來的政治家，大約在他開始走上自己選定的這條充滿坎坷的用世之路時，心中就已經十分清楚地知道了，自己既已立志「先天下之憂而憂」，也就必然是「進亦憂，退亦憂」，因而這一生也注定要在屢遭風波、屢經憂患中渡過。即使如此，在他看來，祇要不負自己心中所有之大道，祇要能得知遇而用之，他也就足以自慰了，所謂「瓢思顏子心還樂，琴遇鐘期恨即銷」——只要能高山流水遇知音，即使居於陋巷而一簞食，一瓢飲，也能如顏回之「不改其樂」，又有什麼可以遺憾的呢？與將要經歷的憂患風波相比，生活的艱苦又算得了什麼呢？

用如王佐的渴望

有憂天下之志，則必求用於世。

中國堪稱賢士君子的文人們，對於入仕與歸隱、用世與出世，似乎大都抱有一種複雜的看法。就人生態度而言，雖然大體可以釐爲兩類，即或追求修身、齊家、治國、平天下，或均物我，一死生，諸緣盡捐，出世求隱。但具體到個人立身行事，又多是用世之念與求隱之思相交合，常常難以一概而論。不過，從整體情況看，堪稱賢明者，似乎都對出世與歸隱情有獨鍾，許多人或寄情山水，隱而不仕，求逍遙乎山水之際，放曠乎人世之間；或辭官遁跡，幽處山林，求曲避全節，無欲自安，走一條由仕入隱的道路。於是便有了許多的不受王位而隱姓埋名潛入箕山，有了莊子的拒楚相之位而垂釣於濮河之上，也有了陶淵明的挂印歸田，採菊東籬躬耕柴桑……而且，人們大體上還把這種人生的選擇看作是了然世事之後洞明練達的智者之舉。

范仲淹卻似乎是一個突出的例子。仲淹以爲，天下之政，惟有賢者用方可有序而不亂，天下之情，必有賢者出才能得安而不躁。人生的樂趣也就在於「行爵出祿」，論道經邦。因此，眞正賢明而有德能的人，應該「濯纓交進，束帶相先」求用之於當世，而不應該飲泉而居求隱沒無名。「尊尙賢者，寧有家食？」退食於丘園，鑿井躬耕，茹藜素餐，求所謂一簞一瓢之樂者，實際是自居側陋，自取菲薄，爲賢士君子所恥而不爲。於此，他還專門作了一篇《賢不家食賦》鋪陳述懷，用以明志：「國家廣開四門，推賢可尊。俾進身於祿位，寧退思於丘園。……彼茹藜而隱著，亦士之丑；飲泉而居者，何樂之有！曷若我美祿是干，良時是偶，如蛟龍兮雲雨，異麟鳳兮仕郊。」

縱覽范仲淹一生，「不以一身之戚，而易天下之憂」，以天下爲己任而渴望被用如王佐，以求能立功於當世，確實是仲淹由少及長，一直涌動於心中的一腔不變的激情。「多難未應歌鳳鳥，薄才猶可賦鷦鷯。」這是仲淹還是一個未及入仕的學子時，就已經成之在胸而言之於口的志向。其實，仲淹之志，又哪裏僅僅在於如林中鷦鷯，占取一枝？景德年間，宋眞宗趙恆爲鞏固帝位，曾自導自演過一幕所謂汴京左承天門神降「趙受命，興於宋，付於恆」的天書的鬧劇。以此爲發端，眞宗東封西祀，大興土木。大中祥符七年正月，眞宗又親奉天書，經亳州至應天府朝拜供奉著趙宋始祖玉皇聖祖天尊大帝的聖祖殿。其時仲淹正就學於應天府書院。眞宗到達應天府時，府學學生都跑到大街上等候，希望能一瞻「聖顏」，但仲淹卻留在學舍安坐讀書。有人問他爲什麼不去見見皇帝，他回答說：「皇帝嘛，終歸是要見的，將來再見也不晚。」眞可謂一語見志！

仲淹之所望所求，在於能用如王佐，擔「救民疾於一方，分國憂於千里」的天下重任。司馬光《涑水紀聞》卷十載，大中祥符二年范仲淹在長白山醴泉寺讀書時，曾與同學一起拜見過當時為諫議大夫，後來官至樞密副使的淄州長山人姜遵。姜遵素以剛嚴著名，與人不通款曲，但這一次他卻在衆人告退之後，獨留仲淹，而且將仲淹引入中堂，參坐置酒，待之如骨肉。他對自己的夫人說：「朱學究（此時仲淹尚未復本姓）年雖少，奇士也，他日不惟顯官，當立盛名於世。」一個二十歲左右的年輕人竟得一位朝廷命臣的如此賞識，原因正在於這位年輕人不同凡響的胸襟抱負。

仲淹的追求是否也可以看作一種智者所為？

想來對於這樣一種提問，不同的人立於不同的角度，必然會有不同的回答。客觀地看，如道家之出世歸隱，不求聞達，確實也不失為一種「知命」而明智的人生選擇。所謂修齊治平，說到底，就個體人生建樹而言，不外乎是希望求取人生世上的那一分可存之而不朽的功業。但事之有成必有毀，人之有生必有死，世間一切有形之物，乃至人事所能成就的一切，大體都「修短隨化，終期於盡」而必歸於無形。人企盼著能建一分可存之不沒的功業，又哪裏眞的可以存之而不沒？譬如秦皇漢武、唐宗宋祖，位尊九五君臨天下之際，築宫鑄鼎，銘碑鏤記，不就是盼著鴻基永存能傳之久遠？然而江河不廢，日月悠悠，而人事卻奄忽變幻全不遂人意，俯仰之間宮成丘墟而碑、記空餘。這其實也就是「命」或者說「命定」。道家「知吾生也有涯」故「一死生」、「齊彭殤」，不耽戀，不強求，無功無名順乎自然之道而無爲，自然應該算是一種明智的知命。

慨然自薦

不過，人生在世，即使這一生命的過程短暫如白駒過隙，即使我們不必期於不朽，也總該要做些該做也必須去做的事情的。有些事情，比如國難當頭，慷慨赴死，該做因而也就不能不去做。而且，許多時候，即使明知爲之而不效，我們仍然必須勉力爲之，「至於不可奈何而後已」。從某種意義上說，恪盡人事，以求理足而無憾，這其實也是人類永遠面對的一種「命定」。正如所有的人都知道人之有生必有死，但所有的人也仍然求其養生，且「凡可以久生而緩死者無不用」。知其必為而為之，這應該也是一種「知命」。由此觀之，伊尹棄耒來於荒野而佐商湯，求以先知開啓後覺，讓自己的仁德澤被天下，是一種知命；孔子於亂世之中席不暇暖奔走於列國，宣仁講義以求匡時救世，也是一種知命。事實上，人類也正是因為能如此知命，也才有了今天人類文明的輝煌。既如此，仲淹之渴望被用如王佐，以「求有益於當時，有垂於後世」，不也是一種智者的知天達命？

仲淹大中祥符八年進士及第得入仕途。但自大中祥符八年至乾興元年，這位有一腔用世之志的年輕的政治家循官吏升遷的「勘磨」之制，除做過兩年無進言參決之責的秘書省校書郎外，一直都在祇能「於國家補錙銖小利」的低級職任上徘徊。志不得伸，才不得展，這於仲淹自然是難以忍受的，他盼望能早日「簪纓奉國」，弼輔朝政，切望殷殷，甚至促使他直接上書執政，慨然自薦。

比如乾興元年仲淹就曾直接上書自薦於時任樞密副使的張知白。

天禧五年（一〇二一年），仲淹在做了兩年的秘書省校書郎之後調監泰州西溪鹽倉。西溪是東海邊的一個小鎮，天聖中深得仁宗信任執政於朝的呂夷簡曾留駐於此，在這裏種過牡丹。仲淹到官時正是牡丹盛開的季節，他曾有《西溪見牡丹》詩：「陽和不擇地，海角亦逢春。憶得上林色，相看如故人。」乾興元年，眞宗死，這一年的十二月，張知白以尙書右丞爲樞密副使。這是一位以清儉著稱於世的宰相，《宋史》稱他「在相位，愼名器，無毫發私。常以持滿爲戒，雖顯貴，其清約如寒士。」據說他因病去官後，皇上親臨探望，他的妻子出迎時的穿著也是十分破舊，而他的病榻上更是祇有一條破了的氈毯和一床一般不用來做被套的細絹套裏的薄被。就連皇帝也心有不忍，「亟令具輦帳卧物以賜。」對於這樣一位清廉自律的宰臣，「不以一心之戚，而忘天下之憂」且一生「獨能忍苦」如范仲淹者，自然是「景行行止」，心向往之的，何況仲淹此時雖身處海角卻心憶上林，職小位卑卻未忘憂國。在給這位宰臣的上書中，仲淹坦率叙志，陳明自己希望得到知遇，以「有益於當時，有垂於後世」的心跡。他說一般人祇知道他擅詩能文的「雕蟲之技」，而「未有謂某之誠，可言天下之道者」。而此時自己身處「窮荒絕島」，落身「於海隅葭菼之中」，祇能「於國家補錙銖之利，緩則罹咎，猛則賊民」，實在是「人不堪其憂」。況且自己本來於「稼穡之難，獄訟之情，政教之繁簡，貨殖之利病」，均有所預聞，置身於朝堂之上，至少「可備僚俊之末議」。他希望能聽教於這位他所尊重的副相門下，「朝夕執事於前」，而能「以一言置左右」，且使「右丞之道傳而不朽」。眞的是其望也殷殷，其言也切切！

作這一次自薦時，仲淹三十四歲。

超越一己憂樂的境界

應該說，仲淹的追求，也是一種對於個體一己憂樂必不可少的超越。樂比憂好，在比較人生的憂樂時，大約無論什麼人都會持這種看法。因此，在決定取捨時，我們也都會趨向於前者而力避後者。有時表面看來我們似乎甘願吃苦，似乎是苦樂不計，比如「十載寒窗」的苦讀，細究起來，實際也是要求樂，是要求更大的樂。以古代一般讀書人的想法，是「書中自有黃金屋，書中自有顏如玉」，或者出將入相，成就一番治國平天下的功業，以求不枉一世爲人之樂。即使如佛家徹底否定現世的快樂，而要用「般若」渡人達於彼岸，以求「涅槃」，其實也是幻想著一種樂，而且是一種極樂。

為什麼我們會認為樂一定就比憂好？我們說不出理由，似乎也不需要理由，我們的感覺生來如此，因而我們也不得不承認就是如此。而且，就常理看，「人生得意須盡歡」，當為樂時且為樂，大體上也應該可以接受。人來到這個世界上，擁有了一段生命的時光，而這段時光上壽也不過百年，與無始無終的時間長河相較，實在是太短暫。我們不能不珍惜我們已經擁有的這短暫的生命而求「善其生」。要「善其生」自然也就要「樂」其生，因而也就不能不趨歡求樂。

不過，在我們趨歡求樂時，似乎也不能不注意到，人生應該還有超越自我切身憂樂之上的東西在，要不然，有很多現象就無法解釋。比如伯夷、叔齊兄弟，父親死後都想讓對方承繼父親的尊位，互相推讓，最後都逃到了周文王那裏。武王伐紂，他們攔住武王的車馬勸阻不果，周統一天下，他們又以食周粟為恥，寧可採薇於首陽山上，雙雙餓死。後人可以笑這兩兄弟迂闊而不識時務，但在他們看來，這是他們的一種無可逃避的必然選擇。從個人的行事來看，他們的相互讓位和寧死不食周粟，無論如何都不是以趨樂為原則的。這說明對於人來說，至少是有些情況下的行爲選擇，與趨樂避苦沒有必然的聯繫，或者甚至某種選擇必然是產生苦，必然是一種可憂，但仍然不能不去做，或者認爲自己有義務必須去做。這不能不讓我們看到，人生中確實有超越自我切身憂樂的東西存在。

說起來，人生本來就是樂少憂多，而從現實人生的層面看，人生本來也是不能一無所憂。我們說人生當樂觀，當自適，並不是說可以完全無憂或者不憂。佛道看人生，講出世法，要求人無思無欲，諸緣盡捐。這裏的對錯可以姑且不論，至少對大多數人來說實行起來會有許多困難。人這一生終歸應該做點該做的事情。一般說來，我們大多數人還都會希望根據我們自己的才、力做成盡可能大一點的事情，好讓自己至少能獲得不枉爲人一世的安慰。要做成一些事情，就必然要付出相應的心力。從這個意義上說，人生而在世事實上也不可能眞正做到諸緣盡捐一無所求，因而不可能也不該無思無憂不憂不愁。

關鍵還是在於要「不以一心之戚，而忘天下之憂」。換句話說，就是應該有大道存於胸中，由此而生以天下爲己任的人生大目標，也由此而可於中流擊楫。這樣，我們也就能眞正超越現實的憂苦，而進入一種更高的人生境界。

放言無忌數上書

說起來，以一身之微而憂天下，實在也並不是一件說說就能夠做到的事情。從主觀方面看，要心憂天下，思與天下同安樂，就必須能將切之於己身的甘苦憂樂拋諸身外。這應該是眞正能與天下同安樂的一個必不可少的先決條件——一個把眼睛盯在自身之窮通逆道得失憂樂之上的人，是決不可能想到與天下同安樂的。

欲傾臣節，以報國恩

大中祥符八年范仲淹進士及第後，做了兩年的廣德軍司理參軍，天禧元年（一〇一七年）遷文林郎，權集慶軍節度推官，天禧三年除秘書省校書郎，兩年後轉監泰州西溪鎭鹽倉，天聖元年除興化令。泰州（今江蘇泰州市）即海陵郡，屬縣在海陵、興化兩縣之間。

在泰州，仲淹與比自己小十五歲的另一位北宋名臣富弼相識。《宋史・富弼傳》稱他「少篤學，有大度」。其時富弼還祇是一個二十歲左右的青年，卻得仲淹激賞。仲淹曾把他的文章推薦給當朝宰相王曾、晏殊。仁宗時恢復制科取士，富弼仍時進士及第後至陝省親，仲淹派人將他追回京師，鼓勵他參加制科考試。據《河南邵氏聞見前錄》記，當時晏殊正爲自己的女兒議婚嫁，范仲淹作伐，對晏殊說「公之女若嫁官人，某不敢知。必求國士，無如富某者。」晏殊見到富弼後，也極愛重，欣然「妻之以女」。其後在長達三十年的交往中，仲淹與富弼一直都是相知不疑。富弼一直以長輩禮事仲淹，稱他爲「六丈」。仲淹去世，在爲仲淹所做的祭文中，富弼仍飽含感情地回憶起自己在泰州與仲淹的相遇，說：「昔初弱冠，識公海陵，顧我譽我，謂必有成，我稔公德，知己服膺，自是相知，莫我公比，一氣殊息，同心異體。如未聞道，公實告之；未知學文，公實教之；肇復制舉，我憚大科，公實激之；既舉而壯，政則未諭，公實飭之。」

仲淹在泰州期間的另一樁值得一記的交遊，是他與隱士林逋（君復）的相識。林逋才識不凡但不趨榮祿，一生未仕，放遊江淮，藏身民間，極爲時人所傾慕。范仲淹即有詩《寄贈林逋處士》，讚他「風俗因君厚，文章到老醇。」林逋死於天聖六年。天聖二年，仲淹遷大理寺丞，林逋有《送希文寺丞》相贈，詩中有「馬卿才大能爲賦，梅福官卑數上書」句。詩句以司馬相如、梅福比仲淹，讚其才華超群而志在濟世，心憂天下，不避官小祿微，敢直言論朝廷大事。

范仲淹也確實當得起如此讚譽。自乾興元年（一〇二二年）至天聖五年（一〇二七年）短短五年間，他就有《上張右丞書》、《奏上時務書》、《上執政書》等數次大的上書，實在是「數上書」了。在這些上書中，他放言無忌，直陳時弊，縱論國家大事，切議朝廷政務，實實在在坦露出這位青年政治家雖官微職卑，卻胸懷「先憂後樂之志」而「欲傾臣節，以報國恩」的拳拳之心，坦露出他涌動於心中的對於用如王佐，參決朝政的眞誠渴望。

《奏上時書務》是仲淹於天聖三年直接呈至當時執掌朝政的章獻太后的。乾興元年眞宗死時留下遺詔，因仁宗尚幼，軍國重事權取章獻太后處分。天聖二年，范仲淹由興化令遷大理寺丞，第二年四月，即有這份上呈皇太后的《奏上時務書》。在這一上書中，仲淹對此時仁宗一朝已經顯露出來的文質俱弊、武備廢弛、三館虛設、言路不暢等積貧累弱之相，表示了自己深切的憂鬱。爲求國家康寧天下大定，仲淹以爲當務之急在於：

■ 文質相救，以厚風化
■ 恢復武舉，儲將備危
■ 重理三館，爲國選材
■ 廣開言路，勸進忠諫

《上執政書》則是仲淹母喪去官丁憂南京時給參知政事王曾的上書。王曾資質端厚，方嚴持重，爲相數年，對才能之士，多有薦拔，但他對自己舉薦的人從不以薦者自矜，因而「進退士人，莫有知者」，由此也引起不少誤解，仲淹就曾當面指責他：「明揚士類，宰相之任也，公之盛德，獨少此耳。」王曾回答仲淹說：「如果一個宰相把要人感恩的事情都歸於自己，那怨恨又該給誰呢？」對於這樣一位宰執大臣，仲淹自然是十分折服的。天聖五年，還在丁憂之中，范仲淹不避居喪越禮，冒哀上書，議論國家大事。在這份長達萬言的給執政王曾的上書中，仲淹坦率直言，切論國家積弊。他認爲自宋有天下以來，承平日久，朝廷無憂患，天下無爭端，以至兵久弗用，士曾未教，中外奢侈，百姓窮困。「朝廷無憂則苦言難進，天下久平則倚伏可畏，丘久弗用則武備不堅，士曾未教則賢才不充，中外奢侈則國用無度，百姓困窮則天下無恩。」實在有「泰級者否」之憂。治世之道，當在承平之時勵精圖變，所謂「窮則變，變則通，通則久。」據此，他向執政提出了六條十八的改革方針；「固邦本，厚民力，重名器，備戎狄，杜奸雄，明國聽。」其核心就是退諂諛僥倖，用忠信賢良，愼選州、縣官吏，爲民興利除害，以求國家有如磐之安。

不甘於無功而食的至誠

仲淹這份上當朝執政的萬言書，實際成爲十多年以後慶曆三年答仁宗手詔十事的基本內容，也即仲淹爲參知政事主持「慶曆新政」實行改革的基本國策。而這時的仲淹，不過是一個去職居喪的大理寺丞。這很容易讓人想到諸葛孔明於隆中草廬判天下情勢而定三分之策的往事。《宋史》作者對仲淹這份上書，就有如是感慨：「仲淹初在制中，遺宰相書，極論天下事，他日爲政，盡行其言。諸葛孔明草廬始見昭烈數語，生平事業備見於是。豪傑自知之審，類如是乎！」

不過，儘管如此，一個官小祿微的朝廷小吏，要不避訾議，縱論朝政，也確實是需要勇氣的。往小裏說，喜歡聽好話而不喜歡聽人說不好，似乎是人的天性，下自凡夫俗子，上到帝王執宰，似乎都概莫能外，所以，「巧言者無犯而易進，直言者有犯而難立。」也似乎是古今一律，往大裡說，這裏還有一個「在其位，謀其政」的問題。知身分，明職責，所謂「當二千擔之位，則不責尚書之政；當尚書之位，則不責三公之政。」為官者須各司其職，不相侵官。越職言事，關涉禮制，這是為官者不能不小心注意的。何況以一大理寺丞直接上書皇后、執宰議論國事！更況丁憂守制之時冒哀上書，譏評朝政！個中利害，仲淹應該不會不知道。

仲淹為越職言事也確實遭到過指責。比如景祐三年仲淹向仁宗進《百官圖》，批評當時的宰相呂夷簡收恩避怨，進用僥倖，就被指責為「越職言事，薦引朋黨，離間君臣，」以至被逐出京師。那時仲淹已官居禮部員外郎、天章閣侍制、判國子監，比他天聖三年上奏時務書時的官職要高出許多。但仲淹有他自己為官做人的原則。在仲淹看來，既為國家官吏，食祿取利，自當參與朝政而不該尸位素餐。天聖七年他在《上資政晏侍郎書》中，就有一番見性見志的剖解。那時他已得晏殊、王曾之薦，授秘閣校理。雖然官小祿微，年俸也已有三十萬之數，仲淹以爲，這三十萬之俸，實際已是兩千畝地一年的收入。「其二千畝中，播之耨之，獲之斂之，其用天之時、地之利、民之力多矣。」受此俸祿，如果不實實在在做點事情，便於專食青苗之心的螟和專噬莊稼之葉的螣無異，「使鬼神有知，則爲身之殃，爲子孫之患。」使他不能忍受的是，當時職在校讎，只能埋身於前編後簡之中而「上莫救斯文之弊，下無庇斯人之德，誠無功而食矣。」栖遲於斯，能進獻於國家的，只有幾番忠言而已。如果連此危言之責都不能盡，又哪裡談得到「陳力就列」的盡職盡責？

仲淹身居微職而心憂天下不肯自甘於無功而食，存之於心且實之以行，實在可謂至誠。對於仲淹來說，爲國爲民，自當言之所當言，行之所當行。能盡其力則盡心竭力，能盡其言則死無所避，在其位謀其政，不在其位仍憂其政，「進亦憂，退亦憂」，所求祗在不無功而食民利。只要理足而無憾，哪還管在其位不在其位！《宋史·范仲淹傳》在叙及仲淹天聖五年前後事時說他「每感激論天下事，奮不顧身，一時士大夫矯厲尙風節，自仲淹倡之。」仲淹能感激論天下事以至奮不顧身，或一代風範，不就是因了他的這一腔至誠嗎？

其實，即使在其位只謀其政，要「謀」得好，不是也少不了這一腔不甘於無功而食的至誠嗎？

理或當言，死無所避

「若以某邀名爲過，則聖人崇名教而天下始勸……名教不崇，則爲人君者謂堯舜不足慕，桀紂不足畏，爲人臣者謂八元不足尙，四凶不足恥，天下豈復有善人乎！人不愛名，則聖人之權去矣。」上面這段透著某種激憤的文字，錄自仲淹天聖七年的《上資政晏侍郎書》。仲淹之所以有這封給時任資政殿學士晏殊的信，是因爲他的敢於危言而做了一件震動朝野的事，而爲這件事他也受到了晏殊的指責。這段文字是仲淹對於晏殊指責的抗辯。

說起來，中國的知識分子對於所謂「名」的態度也是很複雜的。尙名或棄名而至於極端者，大約無過於儒、道兩家。儒家尙名，強調「立身揚名」，強調

「榮名以爲實」，而且「恥沒世而名不稱」。道家則主張棄名，比如老子說：「名與身孰親」，莊子也說：「爲善無近名」，「聖人無名」。說到底，這是兩種不同的人生態度。儒家講修齊治平，追求成就人生的不朽功業，因而以名爲教，希望以此使天下自勸。道家齊萬物，一死生，強調順其自然以至無爲，連人力事功都主張放棄，自然也就無所謂聲名了。而且，老莊講無名，還包含著人生自保的涵義。一切爲了生存，與聲名相比，生存自然要重要得多。爲善近名，人必嫉之。取名而遭嫉，自然也非全身之道。這有點類似老百姓常說的「人怕出名豬怕肥」。

天聖五年仲淹服除返京師。當時朝廷正闕一館職，此時任資政殿學士的晏殊向朝廷推薦了服除返京的范仲淹。據司馬光《涑水記聞》載，最初晏殊向朝廷推薦的是另一個人，此時的樞密副使王曾已經讀過范仲淹給他的上書且「見而偉之」。王曾壓下晏殊已經舉薦的人並建議他向朝廷推薦仲淹，晏殊接受了建議，仲淹於這一年的十二月得授秘閣校理。

天聖七年冬至，仁宗爲顯示自己的孝道，決定爲秉眞宗遺詔垂簾聽政的章獻太后上壽，並下令起草上壽儀式。上壽儀式爲仁宗率領朝廷百官在會慶殿朝拜太后並祝賀壽誕。天聖七年，仁宗已年屆二十。兩年前仁宗十八歲時曾經以同樣的方式爲太后上過壽，這一次，章獻太后也準備接受仁宗率百官朝拜的禮儀。按封建時代的禮儀規制，應該說，如此上壽，確實不符合皇帝事親之禮，其時滿朝文武也議論紛紛，不能坦然接受，只是懾於太后之威，沒有一個人站出來明確反對。

但范仲淹站出來了。他上書仁宗及太后，極言不可，反對仁宗率百官於會慶殿朝拜太后。仲淹以爲，皇帝雖「有事親之道」，但決無「爲臣之理」，既「有南面之位」，則不能有「北面之儀」。在上書中他甚至直言道，皇帝「奉親於內，自有家人禮」，而現在「顧與百官同列，南面而朝之」，必然將虧君體，損國威，且將「開後世弱人主以強母后之漸也」，實在「不可爲後世法」。他建議到時皇帝只帶領皇室親族在內廷爲皇太后祝壽，只需「行家人之禮」即可，而由宰相率百官在前殿向皇帝、皇太后同賀。

以一秘閣校理而諫責皇帝家事，且直接忤駁執掌朝政的皇太后的面子，這確實有些石破天驚，而且似乎還有點不自量力的味道，就連舉薦仲淹爲秘閣校理的晏殊，聞知此事也大吃一驚，「召仲淹怒責之」。晏殊確實是「怒責」，他對仲淹說：「你如此出言無忌難道是在憂國嗎？在別人看來你其實非忠非直，只是好奇邀名而已。你一味這樣輕率，難道不會牽累推薦你的人嗎？」晏殊說的這些話，無論從哪個角度看，應該都是很重的。不過，仲淹似乎並沒有想這麼多，他對晏殊說：「我受明公舉薦，常常擔心的祇是自己不能以危言危行而副公望，害怕因此而玷污了你的聲名。想不到現在還會因爲忠直得罪於門下！」當仲淹想進一步做點分辯時，晏殊甚至毫不容情且語含譏嘲地打斷了他：「勿爲強辭，某不敢犯大臣之威。」

以名節自高

仲淹與晏殊，其實有一層很深的師生之誼。天聖四年仲淹丁憂南京，當時晏殊罷樞密使出守南京，兩人之間便有了很密切的交往，晏殊很賞識仲淹，請他執掌應天府書院。天聖六年，晏殊自應天府內調，又薦仲淹爲秘閣校理。其實，這份師生之情，仲淹自己也是一生都感念不忘的。《范文正公言行遺事錄》說：「公以晏元獻薦入館，終身以門生事之，後雖名位相亞，亦不敢少變。」這當是確實的。皇祐元年，仲淹罷參知政事由鄧州移知杭州，路過陳州（今河南淮陽）時，專程拜訪罷相出知陳州的晏殊，與之「歡飲數日」，並寫了《過陳州上晏相公》詩，詩中有「曩由清舉玉宸知，今覺光榮冠一時。曾入黃扉陪國論，重求絳帳就師資。」為時人所傳誦。

儘管如此，事關是非，仲淹仍決不肯因這層師生之誼而屈己和隨。告別晏殊，回到家中，仲淹寫了長達數千言的《上資政晏侍郎書》，一一陳明自己憂於國事而諫止皇帝率群臣為太后上壽的理由。針對晏殊指責自己「好奇邀名」，仲淹說了上錄那段話。這段話的意思，用我們今天的話說，就是即使認為我是在邀名，我也不覺得這有什麼錯。古代聖賢正是因為崇尚名教而使天下人勉力上進。如果不崇尚名教，那麼，做天子的會以為即使堯舜也沒有什麼值得仰慕的，而如桀、紂這樣的暴君也沒什麼可怕。不崇尚名教，做臣子的會認為舜佐堯時向堯帝舉薦的高辛氏八君子並不值得尊敬，被堯舜流逐的共工、驩兜等四凶小人也並不可恥。這樣一來，天下哪裏還會有什麼好人！如果人們都不愛惜自己的名聲，那麼，古代聖賢的權威也將不復存在了。

看來仲淹並不否認自己「邀名」。事實上他在這封信中就明確宣示：「三古聖賢何嘗不著於名乎？某患邀之未至爾！」

如何評價仲淹這種態度，或者說人生世上究竟應該求名還是應該棄名，不同的人據於不同的人生追求，自然會有不同的看法。從某種意義上說，人生的終極目的並不在於某種聲名的追求，比如一個眞正的科學家，或者藝術家，或者哲學家，他們大概無論如何都不會認爲追求聲名比探求自然、人生的眞諦更加重要。這大約是我們應該可以接受的。說破大天去，人生天地間，活著是自己活著，生活是自己的生活，重要的是活出一分坦蕩無己，洒脫不拘的眞實。由此看來，人生的聲名毀譽，其實和祿利權位一樣，也是人生的一種外加。何況如古語所說，聰明得福人間少，僥倖成名史上多。人生的聲名毀譽之中少不了有言不符實甚或僥倖虛譽。人不能爲聲名所累，否則，人就難以有眞正屬於自己的心靈的自由和精神的超脫。而且，人之爲善，甚至求修齊治平，也不在於邀名。求善德之立，求與天下同安樂，求使這個世界變得更加美好，本來就是人生之該做也是必須做的，所謂「必盡人事，然後理足而無憾。」聲名不聲名，也就在其次了。

但人生又不能不惜名，不能不講名節。人應惜其名節，原因還不僅僅是有常言所說的所謂「人有臉，樹有皮」，或「雁過留聲，人過留名」。從更深的層次上看，尚名惜節，其實顯示著人的精神的清潔，顯示著人生追求的高級方向。珍惜自己聲名的人，總是那些能以善德自勸，以忠信自律的君子，立身行事也必然是有所為有所不為，界限分明，不疑不惑。相反，不惜名節，不怕遺臭萬年的人，惟欲是從，保不齊就會坑矇拐騙無所不為甚至弒父叛親，「雖有刑法干戈，不可止其惡。」所以，中國古代聖賢把禮、義、廉、恥置於人生修養的重要位置，強調人應該明善惡，知榮辱。孔子作《春秋》，一個重要的目的就在於褒貶善偽，使後世君臣愛令名而勸，畏惡名而慎，以興辭讓，勵廉恥，勸善止惡，促人奮發有為。司馬遷在《史記·刺客列傳》中也說：「明主不掩人之美，忠臣有死名之義。」無論社會怎樣發展，這種精神追求，大約總是不該拋棄的。

由此看去，仲淹的話也就確實有它的道理了。應該說，仲淹一生不避世患，敢冒雷霆，忠直而至即使掇齏粉之禍也要進之所當進，言之所當言，這裡本身就有「死名之義」在。《宋史·忠義傳序》說：「士大夫忠義之氣，至於五代，變化殆盡……眞、仁之世，田錫、王禹偁、范仲淹、歐陽修、唐介諸賢，以直言讜論倡於朝，於是中外縉紳，知以名節相高，廉恥相尙，盡去五代之陋矣。」如此尙名，可不謂世之所必有？

變一代士風

《宋史·忠義傳序》所論，其實也是宋代人們的一種共識。韓琦在為仲淹所作的祭文中就說到：「公以王佐之才，遇不世之主，竭忠盡瘁，知無不為，故由小官擢諫任，危言鯁論，建明規益，身雖可黜，義則難奪。天下正人之路，始公闢之。」朱熹在《朱子語類》中也說：「祖宗以來，名相如李靖（沆）、王文正（旦）諸公，只憑地善亦不得。至范文正時，便大厲名節，振作士氣，故振作士丈夫之功居多。」

看看晚唐五代至宋初士風的變化，我們可以知道，這些的確都不是虛妄之言。」

在中國歷史上，晚唐至五代，既是一個干戈不息、政治苛暴的十分黑暗的時期，也是一個以忠直立身，以名節相尚的文士傳統完全中斷、喪失殆盡的時期。無道的政治加暴力的屠刀，只能培養卑躬屈節的遠禍全身，或寡廉鮮恥的賣身求榮。五代時期，士大夫為全身之謀審時度勢，見風使舵求常享富貴，甚至到了全不顧君臣之義、廉恥之節的地步。比如那位自命「常樂老」的馮道，一生「依違兩可，無所操決」，於干戈紛擾的亂世之中「浮沉取容」，居然優哉游哉毫髮無損地享受了幾十年的榮華富貴，歷事五朝四姓十主，位居將相以至三公、三師，在自敘中竟然還敢於津津樂道地列舉自己在所事各朝所得的勛爵官階，引以為榮，似乎他親見親歷的那些國喪君亡，與他毫無干係。

《宋史·李觳傳論》：「五季為國，不四三傳輒易姓，其臣子視事君猶傭者，主易則他投，習以為常。故唐方滅，即北面於晉，漢甫稱禪，已相率下拜於周矣。」士大夫把自己與國君的關係，看成是一種主子與奴才之間的雇傭關係，主易則他適，習以為常而了無愧畏，這很有些類似曹雪芹在《紅樓夢》中不無譏諷地寫到的那位花襲人的作爲：先前跟著老太太，一顆心便都在老太太身上，現在跟了寶二爺，一顆心便又都在了寶二爺身上。他年跟了那位優伶蔣玉函，大約也一定是一顆心都要放在蔣玉函的身上，而不會去管這位戲子是不是充當過爲薛蟠這樣的俗物玩弄的男妓角色的。其實如馮道這樣的官僚的作爲，連這位花襲人都比不上，花襲人畢竟還有一顆放在主子身上的心，而這些官僚的一顆心其實祇放在他們自己身上。

五代墮落的士風事實上也對宋初士風發生很大影響。雖然宋太祖曾立下「不殺士大夫」的誓約，崇尚文治，獎勵儒術，希望能「以寬大養士人之正氣」，而且宋太宗、真宗時確實也出現了如田錫、王禹偁等忠直敢言的諫官，但就整體而言，士風並沒有發生根本變化，在一些士人心中，似乎不以馮道之流的作爲爲恥，甚至直到仁宗時，馮道的孫子還以馮道歷事十主爲榮耀。據《續資治通鑑》，馮道的孫子馮舜卿曾把馮道所得官誥二十通上呈仁宗，要求以此授官，被仁宗以馮道「偷生苟祿，無可旌之節」，給駁回去了。而如田錫、王禹偁等人的敢於犯顏直諫，也是「頗爲流俗所不容，故屢見擯斥」。真宗時任相職近二十年的王旦，史稱「爲宰相，務遵法守度，重改作，善於論奏，言簡理順」，但在事關自身利益時，也少有能抗顏直諫的時候，他自己就說：「我自任政事，幾二十年，每進對稍忤上意，即蹙縮不能自容。」大中祥符元年，眞宗爲收服人心，上演了一齣以上降天書而東封西祀的鬧劇。起初，眞宗「心憚王旦」，「遂召王旦飲於內中，飲甚，賜以尊（樽）酒，曰：『此酒極佳，歸與妻孥共之。』」王旦回到家中打開酒樽，發現乃是一樽珍珠，「旦自是不復持異。」就連王旦自己也覺得接受皇帝的「賄賂」而不敢直諫，實在有玷臣節，臨死的時候還「語其子曰：『我別無過，惟不諫天書一節，爲過莫贖。我死之後，當削髮披緇以斂。』」

士大夫的不顧廉恥、不守節操以至諂媚取容、曲學阿世，實際上意味著這些文人學士那種歷來爲人稱道的，類似孟子「說大人，則藐之，勿視其巍巍然」所表述的獨立人格的喪失，意味著古代知識分子自覺爲社會良心的承擔者而以天下爲己任的責任感的喪失，從這個意義上說，士大夫不再能以「鐵肩擔道義」而甚至「爲己身之幸，不顧廉恥」，實際上也展示著一個社會良知的泯滅和道德的淪喪。難怪那位明亡之季卜居於陝西華陰，因為堅決不在大清入仕而被清初學者以為冠冕的顧亭林，會說出那樣一句沉重而激憤的話：士大夫之無恥，是為國恥。

由此我們也就可以知道，仲淹之以名節自高，倡危言危行，確實還不僅僅顯示著他自己思「與天下人同其安樂」的個人品格的崇高，從一個更高的層面上看，他其實是以自己不避訾議敢犯雷霆的忠直進諫，在倡揚著一個時代的精神的清潔，從而接續起了那個要頑強保持自我獨立人格，出於以天下為己任的自覺的責任感而肩擔道義與政統相抗的文士傳統。

言忤太后而出為通判

天聖五年，仲淹在《上執政書》中說了一段很發人深思的話。他說：「聖賢存誠，以萬靈爲心，以萬物同體，思與天下同其安樂。然非思之難，致之難也。」這應該是仲淹對於自己所處時代中要眞的成就一腔先憂後樂之志的艱難的一種深刻的體驗和理解。

思與天下同其安樂

祇是說說則更是容易，而眞要身體力行，就實在不是那麼容易的了。

這不容易的原因，旣有主觀方面的，也有客觀方面的。就人的本性而言，趨樂避苦確乎是人的天性，因而對於每一個人來說，要眞正超越自我切於己身的甘苦憂樂，本身就是一件相當困難的事情。這是就主觀而言。而就客觀而言，則是允不允許你去思與天下同其安樂以及在哪一個限度內去思的問題。比如皇帝老兒以及那些已然身居高位的專權擅政者，關心的祇是自己屁股底下的那張寶座或頭上的那頂烏紗，而並不在乎天下人是不是眞的安樂——中國歷史上的那些希望以自己的文治武功安定天下的帝王，哪一個不自我宣示要與天下同其安樂？而又有幾個眞的能與天下同其安樂？有些人連那些幫助自己在患難之中打江山且忠心耿耿的臣子都不能同其安樂，更何談與天下同其安樂！如越王勾踐之逼死文種，如高祖劉邦之誅殺韓信，此等「飛鳥盡，良弓藏，狡兔死，走狗烹」的齷齪事，在中國歷史上實在是太多了！對於懷天下之憂且眞正付諸行動去思去憂的人來說，這就不僅僅祇是一時一事的得失去留的問題了。所謂「危言多犯」，所謂「逆龍鱗者，掇齏粉之患，忤天威者，負雷霆之誅」，生殺大權握在別人手上，憂來憂去，一不小心，失位去官還是輕的，弄不好，甚至會拼了身家性命。

不過，我們也得承認，能不能「思與天下同其安樂」，更重要的，不僅是「思」，而且能不能得失不計地「思」而求「致」，確實是衡量一個人志行是否高潔而值得敬仰的試金石。無論如何，我們都不能不將那些能以一身之微而心憂天下，含忠履潔，孤立自持，許國忘身，始終如一的人，尊爲人中上上。

范仲淹就屬於這樣的「人中上上」。

天聖八年，仲淹就是出於他的以一身之微而憂天下，做了那件別人不做也不敢做的事——上書乞太后還政。

天聖八年，仲淹爲秘閣校理，其時仍是章獻太后垂簾聽政。章獻太后即明肅劉皇后，眞宗即位時爲美人，後立爲皇后。這是一個很能幹的女人，不僅生得聰明伶俐，且知書能文，據說還有過人的記憶力，能原原本本說出許多朝廷故實。其實，眞宗活著的時候，章獻太后已經開始預聞國事，到天禧四年眞宗病重，「居宮中，事多決於后」，章獻太后此時已經實際上掌握了朝政。乾興元年眞宗臨死前召王曾入宮草擬遺詔：「以明肅皇后輔立皇太子，權聽斷軍國大事。」當時宰臣丁謂於眞宗臨終時也在宮中，他要求從遺詔中去掉「權」字，但時任參知政事的王曾堅決不同意，說是仁宗年幼，太后臨朝，本來就是國之不幸。「且增減制書有法，表則之地，先欲亂之邪？」

仁宗其實爲李宸妃所生，章獻太后養爲己子，祇是他自己一直到章獻太后死後，才知道自己的親生母親是他常常見到的李宸紀。《宋史》載，李宸妃死時，章獻太后本打算將她草草歸葬了事，是呂夷簡堅持不可，宸妃才得以厚斂。仁宗知道自己生母是李宸妃後，號慟數日，並追尊她爲皇太后，改葬於永定陵，與眞宗合墓。改葬時還爲宸妃換了一副棺槨，開棺時，祇見宸妃遺容如生，冠服亦如皇太后。此前仁宗曾聽人說宸妃死得不正常，且沒有按照儀制喪斂，見到宸妃遺體之後，仁宗方感嘆不已，說：「人言不可信啊！」

奏請太后還政

到天聖八年，仁宗已經二十歲，而章獻太后垂簾聽政，權處軍國大事也已歷七年。仲淹以為，朝廷軍國大政聽決於太后之意，實在不是一件好事，況且仁宗已經成年，太后應該還政了。於是上《乞太后還政疏》，請太后讓出處決朝廷軍國大事的大權。奏疏中他甚至直言太后「聽決大政」時間已經很久了，本該由皇帝執掌的朝綱長時間地握在太后手中，「非黃裳之吉象也。」不如「卷收大權，還上眞主」「以享天下之養」，求「保慶壽於長樂」。這等於是對太后的久不歸政作了一種毫無虛與委蛇的指責。這實在需要有一點「捨得一身剮，敢把皇后拉下馬」的勇氣的。

仲淹此舉，一般人怎麼看不好說，但依常情論，起碼在留戀權位而不肯出讓的章獻太后看來，仲淹實在是太過分了一點。所謂老馬尚且戀棧，誰願意那麼輕易地就將自己已經擁有的權位出讓？何況還是君臨天下有南面之樂的九五之尊！你說她卷權還政之後可以享養保壽，但讓出權位之後的享養保壽，又哪裏比得上既擁有大權又不耽誤享養保壽來得有滋有味？事實上章獻太后至死都不願意還皇權於皇帝，臨終前還遺命封幫自己撫養過仁宗且一意尊奉順從自己的楊妃爲皇太妃，並要求讓她和皇上同決軍國大事。她似乎想把自己的權決軍國大事的威儀，託之自己信任的人而延至死後。仲淹此舉招致的後果自然是不難想像的。好在章獻太后似乎還算大度，祗將仲淹的上書高高擱置了事，而並沒有大行誅罰。但數忤太后——此前，仲淹已經因諫止仁宗率百官在會慶殿爲太后上壽得罪過一次皇后了——京官自然也是做不成了。此後不久，仲淹即「以言忤章獻太后旨，通判河中府、陳州」。而且這一去就是三年，直到太后死後才被召回京師。

應該說，仲淹對於章獻太后本人其實並沒有什麼過不去的地方。明道二年（一〇三三年）章獻太后死後，宋室朝廷又上演了一幕中國歷史上歷演不衰的一朝天子一朝臣的活劇，太后垂簾時的一些得寵朝臣自呂夷簡以下都被罷知外州，而朝廷上下攻擊太后當政時政事的人也很多。范仲淹相反卻爲太后說話，他勸戒仁宗：「太后受先帝遺命調護陛下，歷十餘年，陛下當掩其小過而全其大德。」連仁宗也非常感動，下詔不許隨便議論太后時事。

從某種意義上說，范仲淹諫止仁宗率百官朝拜太后以及上書勸請太后還政，實際上並沒有脫出中國封建士大夫們祗承認一家天下，而否定女人當政的迂腐之見。其實，從根本上看，天下興亡與它的姓氏歸屬或者是女人當政還是男人當政，實在並沒有太大的關係。比如武則天當政，也出現過唐垂拱至聖曆年間的繁盛。相反，男人當政而送掉一方江山者卻也大有人在，而且，除了晉惠帝這樣的低能者之外，許多人的送掉江山並不是因爲至少不完全因爲他們的個人品德或者能力。如宋以前梁武帝蕭衍、宋之後的明崇禎朱由檢，就他們個人生活的簡樸或工作的勤奮而言，甚至是堪稱典範的。據《梁書·武帝本紀》，蕭衍「天情睿敏」，「藝能博學」且「恭儉莊敬」，「勤於政務，孜孜不倦」，冬天裏秉燭閱覽奏折公文常至五更不睡，執筆批點，以致「手爲皴裂」，平日裏「膳無鮮腴，惟豆羹糲食而已」，身穿布衣，一頂帽子戴三年，眞正是克儉至極了。明崇禎朱由檢在位十七年，十七年間想望救明亡於既倒，「沈機獨斷，刈除奸逆」，朝廷軍機政務，事事親理，實可謂躬親劬勞，兢兢業業了。《明史·莊烈帝本紀》稱他「不邇聲色，憂勤惕勵，殫心治理」，事實也確實如此。儘管如此，結果如何呢？梁武帝終不免侯景攻破都城之後幽於淨居殿，「以所求不供」，於饑餓憂憤中命歸黃泉。朱由檢也終至「自去冠冕，以髮覆面」，自縊於萬壽山下那棵歪脖槐樹上。天下興亡或歷史更迭有它不以個人意志為轉移的規律，因而許多時候也不是可以由某個個人負責的，自然更不是當政者的姓氏或者性別所能決定的。

不過，儘管如此，我們又似乎不能不承認的是，中國歷史上如范仲淹之迂者實在多多，但眞如范仲淹忠直而迂，以至不計進退不慮得失而敢逆龍鱗、忤天威者卻也實在是並不很多。非懷先憂後樂之志而進退惟道的至誠君子，又何能至此！

為民請命

仲淹的犯顏直諫，說到底，是為君計為國計為百姓計為天下計，獨不以個人之進退得失計，所謂不以一身禍福，而易憂國之心；所謂進退惟道，許國忘家。

根於至性而出以至誠，自然也就有所謂「理或當言，死無所避」了。

天聖八年，仲淹因言忤太后而離開京師，通判河中府（今山西永濟縣西）。忠直進諫而不果，言忤太后而被逐，照說仲淹該吸取一點教訓的。但事實是這些在仲淹心中似乎全沒有留下一點點能讓他稍稍鉗口以求自安的影響，他仍然是言之所當言，諫之所當諫。比如天聖八年、明道元年（一〇三二年），他在通判河中府、陳州任上，就先後又有兩次會言忤朝廷以及章獻太后的直言進諫。

天聖八年，朝廷決定大興土木，修建太乙宮、洪福院。景德間，那一場上降天書的鬧劇，曾引來眞宗的東封西祀，大興土木，花了六年的時間，修建了有大小三千六百多間廳堂屋室，專爲收藏天書而蓋的玉清昭應宮。當時盛產木材的陝西年年要向汴京供運木材，耗民力，破民產，實在是一場曠日持久的災難。天聖五年，壽寧觀毀於一場火災，天聖六年，玉清昭應宮也毀於一場雷殛引起的大火，全部三千六百多間宮聽屋室「獨長生崇壽殿存」。據《續資治通鑑》卷三十七丁未條，大火第二天，章獻太后召見輔臣，哭著說：「先帝力成此宮，一夕延燔殆盡，猶幸一二小殿存爾」。時任樞密副使的范雍聽出章獻有重修此宮的意思，立即抗言道：「還不如燒盡了才好！」章獻問他何出此言，他回答說：「先朝以此竭天下之力，遽為灰燼，非出人意。如因其所存，又將葺之，則民不堪命，非所以祉天戒也。」同時，宰相王曾、呂夷簡「亦助雍言」。因為這一場天火，仁宗曾特派官吏祭告皇陵，並「詔天下不復繕修」。

天聖八年，由於章獻太后的堅持，朝廷又要修建太乙宮、洪福院，所需九萬四千多根木材又由陝西購進。這自然是仲淹之「理或當言」的事情。他自河中府上書朝廷，希望朝廷能取消這一次的大興土木。他在上書中殷殷言道：「昭應、壽寧，天戒不遠。今又侈土木，破民產，非所以順民心、合天意也。宜罷修寺觀，減常歲市木之數，以蠲除積負。」同時，他還奏請朝廷考慮裁開郡縣，以改變郡縣多，差役繁，使「堪役之家，無所休息」的現狀。

仲淹這次直言諫止朝廷營建道觀佛寺，「蠲除積負」，與民休息，其所關涉，無疑是關乎國計民生、國家興衰的大事。看看歷史的興替，我們就能得到一個印象，不知是大興土木必致極盛而衰，還是必衰之時一定有大興土木，一個朝代的興衰，似乎總是與土木的興止有關，或者，換一種說法，後者往往總是前者的一個表徵。還不談那些朝廷直接營建宮殿樓宇道觀佛寺之類的土木興止，即就朝臣官員們宅第的廣窄，似乎也能預兆一個朝代的興盛和敗落。例如唐太宗時期，天下新承隋室喪亂，人尚儉素，連魏徵這樣的當朝重臣，所屋室宇也極其簡陋狹窄，太宗要爲他營造府第，他卻堅辭不受。高宗時，官至中書侍郎的李義琰，雖居相位然在官淸儉，竟終歿於方丈斗室之內，高宗聞之亦惋嘆嗟吁。唐初之盛，尙儉素的風氣正是原因之一。到唐天寶年間，情況卻出現了極大的變化。達官顯貴爭修宅第且竟爲宏壯，據說當時的御史大夫王鉷獲罪賜死，在抄檢其宅第時，「數日不能遍。」開元之治的中興之象也由此見衰微之兆，以至最終徹底擔送。唐封演撰《封氏聞見記》載，中書令郭子儀，所居宅第「諸院往來乘車馬，僮客於大門出入各不相識。」詞中曾有詩嘆曰：「堂高憑上望，宅廣乘車行。」即便如此，仍不斷增修。一次郭親自到修築場所察看，對正在築牆的工匠說：「好好砌，牆一定要砌得牢固。」工匠回答他說：「數十年來，京城達官府第的屋牆都是我砌的，只見人自改換，而牆皆見在。」工匠的回答似乎是一句箴言，郭子儀聞之也愴然動容。這裏的道理，其實不用多說，仲淹在天聖七年的

《上執政書》中就一針見血的談到，「土木之興，久爲大蠹。」實際是「取民人膏血之利，輟軍國急難之備，奉有爲之惑，冀無狀之福，豈不誤哉！」

陳州進言

明道元年，仲淹以太長博士奉調通判陳州。這是章獻太后歸西的前一年。也許是預感到離不得不交出自己權力的日子不遠了，對於權位的留戀，使這位承先帝之命垂簾柄國的太后更加專斷用事。比如明道二年二月，仁宗生母李宸妃去世，她甚至準備封鎖消息，草草出葬了事。時任宰相的呂夷簡過問一下，她也十分生氣，說是「死個宮人關你什麼事？難道你要離間我母子？」這時朝廷選官也出現以太后一言而定取捨的現象，京師不少人得官都是直接出自太后手令。仲淹身在陳州仍心繫朝廷，這自然也是他「理或當言」的事情。他再次上書太后，直切進言：「恩幸多以內降除官，非太平之政。」他希望皇帝、太后以唐中宗時上官婕妤、賀婁氏依勢用事，納賄賣官終至禍亂朝綱的史鑒爲戒，切不可開內廷「斜封官」之風。

仲淹之諫止不以內廷恩幸除官，否則將敗亂朝綱，招致禍患，也是前史有鑒的。《通鑒》卷二十九記唐景龍年間，安樂、長寧公主，皇后妹以及上官婕妤、尚官柴氏、賀婁氏等人依勢用事，樹用親黨，收受賄賂，賣官鬻爵，竟至明碼標價，「用錢三十萬，則別降墨敕除官，斜封付中書，人時謂之『斜封官』」。納賄貪贓，攪亂綱紀，致使奸佞僥倖之徒巢居堂壇，而忠信賢能之士無以進達，求國無危，豈可得乎？

不過，理是這個理，但仲淹之誡之言則仍然未免於迂。實際上，這些道理當國執政的皇帝、皇太后以及那些身處廟堂之高的宰執大臣們，就未必不知也未必不懂。證之中國歷史，無論天戒抑或史鑒，這些當國者知不知道，懂或不懂是一回事，知道而且也懂，但是不是以之為鑒戒卻往往又是另一回事。即如北宋真、仁兩朝，距唐亡易代，不過百年，實在是史鑒不遠。但實際情形呢，別的不說，就是仲淹的這兩次上書，也同他的其它上書一樣，最終仍然如石沉大海。好在是「事雖不行」但「仁宗以為忠」，他沒有因此而進一步得禍。然而也不過祗是得一「以為忠」而已。唐代詩人杜牧在他的《阿房宮賦》中曾無限感慨地就秦王朝的滅亡發出過足以警示後人的嘆息：秦蹈六國覆轍而亡，「秦人無暇自哀而後人哀之；後人哀之而不鑒之，亦使後人而復哀後人也！」這其實似乎是歷代當國者惑而不明的一種恆久的悲哀，以仲淹之賢，豈有不知不明之理！

仲淹之爲朝廷憂，爲國家憂，爲百姓憂，眞正是到了進退無止地步了。在我們今天看來，他實在有些忠而近乎愚，直而近乎迂。仲淹在給皇帝的表章中多次稱自己「生本迂疏」，「識非機敏」，想來他自己也知道自己的迂闊而不識世故。而且，他也知道如此不顧進退可能會給自己仕途乃至身家性命帶來怎樣的後果。用他自己的話說：「臣非不知逆龍鱗者，掇齏粉之咎；忤天威者，負雷霆之誅。」

不過，也正是如此，我們也更是不能不同時承認仲淹這忠直之上那求與天下同其安樂的至眞與至純。人類生活中又哪裏能少了這至眞與至純？往小裏說，正是這至眞與至純，爲我們幾千年用無數老百姓的白骨鋪就的封建時代的歷史塗抹上幾許亮色，起碼能讓我們在打開塵封的歷史時，不至於因爲那上面凝結的太多的血和太多的由一己私欲而起的貪婪與齷齪，而產生太大的驚嚇，也不至於太過失望。往大了說，也正是這至眞與至純使人類能夠一次次校正自己的足跡，使我們雖然歪歪扭扭但也終於走到了今天。正是這種超越自我一己得失而求與天下同其安樂的至眞與至純，代表了人類自我發展的高級方向。

由此觀之，我們又哪裏能輕看了這忠直之上的至眞與至純！

危言罹禍，三出專城

明道二年三月，章獻太后崩，仁宗親政。四月，仲淹被召回汴京，為右司諫。右司諫雖是寄祿官，但品級比太長博士要高出許多，通常是要皇帝特旨也才能超遷的。這大約可以看作是仲淹犯顏直諫，「事雖不行」，但「仁宗以為忠」，因而獲得的一點有限的報償吧。這時仲淹已經四十五歲，想來如果他能稍遜言行，不像以前那樣逆鱗直言，以仁宗對他的印象，他大約是會順利升遷，更早一些位列宰臣的。但范仲淹似乎真的就是一個生性迂闊而不知道討人歡心的人。太后當政他數次言忤太后，如今皇帝親政，他又要言忤皇帝了。

由仁宗廢后而起的風波

這一年，江、惟、京東地區發生蝗、旱災害，災區百姓流離逃荒，饑困於道。不用說，以仲淹憂國憂民的情懷，自然不會不關注災區百姓的疾苦。他上書請求朝廷派員赴災區賑濟災民，甚至當面質問皇上：現在江、惟、京東三路百姓陷入饑困，朝廷不儘快採取措施，如果宮中半天沒有吃的，又會怎麼樣呢？

八月，仲淹被派安撫江淮。仲淹所到之處搗毀淫祠，開倉賑民，並把饑民用來充饑的烏味草帶回京師，請皇帝在六宮貴戚中傳觀，「以戒侈心」。同時，又上書陳救弊十事。上書中甚至激憤直言，朝廷加於百姓身上的轉運之役，讓百姓奔波往返於數千里的漕路之上，使他們壯者受飢，弱著殞命，實在不僅傷財，害人也到了令人不可忍受的地步，必須儘快革除。如此出言直切，其誠實在可感，但皇帝又會作何感想?想來總不會是太舒服的吧。

此後不久，仲淹又為仁宗廢后據理力爭而大忤皇帝。

仁宗廢后也是一場鬧劇。仁宗立郭后在天聖二年，他其實並不喜歡郭后，祇是當時章獻太后垂簾聽政，立后全由太后作主，郭后才得以被立為后。也正因為有太后作主，郭后也仗勢驕橫，把持後宮，宮人亦「多為太后所禁遏不得進。」太后死，禁遏也隨之解除，美人尚氏、楊氏大得仁宗寵幸，尚氏之父甚至因此而加官蒙賜，「恩寵傾京師」。郭后自然對此極為不滿，因而她們之間常發生爭執。一次，尚氏當著仁宗譏諷郭后，郭后一氣之下要打尚氏耳光，仁宗上前攔擋，正好被郭后一掌打在臉上。仁宗大怒，起意廢黜郭后。內侍閻文應建議仁宗把臉上傷痕出示給宰執大臣，看他們怎麼說。其時呂夷簡又被召回京師，仍居相位。呂夷簡對仁宗說：「東漢光武帝也曾廢后。郭后打傷皇上，廢之，未損聖德。」

呂夷簡如此進言，並不是沒有原因的。太后死後仁宗親政，曾將太后聽政時的一些太后親近的大臣悉數貶放，當時呂夷簡本不在貶放之列，《宋史》載，「帝始與夷簡謀，以張耆、夏竦皆太后所任用者，悉罷之。退告郭皇后，后曰：『夷簡獨不附太后耶？但多機巧，善應變耳。』」於是夷簡也被罷知陳州。當宣布被罷逐官員的名單時，夷簡「大駭，不知其故。……久之，乃知事由皇后也。」

范仲淹則與呂夷簡絕然相反。仁宗想要廢后的消息傳出宮外，仲淹立即向仁宗進言，極言郭后不可廢，且希望仁宗早息此議，以免在朝野引起混亂。仲淹這一次的進言仍然沒有被採納。很快，仁宗頒詔，稱郭后無子，自願入道修持，特封爲淨妃，別居長寧宮。爲省卻麻煩，頒詔之前就敕令有司，不得接受台諫章奏。此詔一出，輿論大嘩。據司馬光《涑水記聞》卷五：

有諫議大夫權御史中丞孔道輔，……與范仲淹帥諸台諫詣閤門請對，閤門不為奏。道輔欲自宣祐門入，趨內東門，宣祐監宦闔扉拒之。道輔拊門銅環大呼曰：「皇后被廢，奈何不聽我曹入諫？」宦者奏之。須臾，有旨令台諫欲有所言，宜詣中書附奏。道輔等悉詣中書，論辯喧嘩。夷簡曰：「廢后自有典故。」仲淹曰：「相公不過引漢光武勸上耳。此漢光武失德，又何足法耶？其餘廢后，皆昏君所為。主上躬堯舜之資，而相公更勸之效昏君所為乎？」夷簡拱立曰：「茲事明日請君更自登對力陳之。」道輔等退，夷簡即為敕狀，貶出道輔等。……至是直以敕除之。道輔等始還家，敕尋至，遣人押出城。

仲淹自然也在被貶之列。與孔道輔、范仲淹同時被貶的還有侍御使楊偕、馬絳，其餘如知諫院孫祖德、殿中侍御使段少連、左正言宋郊等，也都受到罰銅二十斤的處分。這是仁宗親政以後第一次對諫官大行誅罰。此事一出，朝野嘩然，時任河陽簽判的富弼也上書指仁宗廢無罪之后逐忠諫之臣爲兩大過錯，希望仁宗起碼應該召還仲淹、道輔。但「疏入，不報」。

景祐元年正月，仲淹自汴京東行，前往貶所睦州。此時距他在太后死後被召回京師還不到一年時間。

危言危行求天下無憂

孔道輔、范仲淹如此激烈地反對皇帝廢后，自然是有原因的。縱觀宋以前歷朝歷代，輕易廢后，似乎還沒有多少不是禍端驟起，後宮動搖終至亂及朝政的。漢武帝以巫蠱事廢陳后，宮中殺戮達三百餘。漢成帝廢許后而寵立飛燕，六宮嗣息，盡遭屠害。魏文帝立郭妃，甄后慘遭殺害甚至被剃髮塞口而葬，但終獲反報……，由此觀之，仲淹之諫止廢后，也是要以自己的危言危行而「致君於無過，致民於無怨」，使「政教不墜，禍患不起」，而求天下太平，「浩然無憂」。

論起來，如此甘冒獲罪去忤逆皇帝，實在有些迂。孔老夫子說過，「天下有道，政不在大夫。」其實，極端言之，就封建時代的政體來說，天下是他皇帝一姓的天下，這天下無道，與身為臣下的大大又有多大關係！再說，皇帝廢后，說到底是他皇家家事，關你一個衹當諫議而無權議決的右司諫屁事！如此犯顏色，觸忌諱，危言危行，終而至於又被一紙敕令逐出京師，眞正是不知遠害全身。

不過，這也衹是我們一般人的看法。在范仲淹看來，事情卻並不如此簡單。天聖七年諫止仁宗率百官爲章獻上壽後給晏殊那份《上資政晏侍郎書》中，仲淹將天下之士分爲危言危行和遜言遜行二黨，仲淹以爲前者「發必危言，立必危行」，求「王道正直」而決不曲言隨和。而後者則以「遜言易入，遜行易合」，求人生安樂而無憂。並且，仲淹以爲，「人皆謂危害危行，非遠害全身之謀，此未思之甚也。」事實上，能夠危言危行，使人君無過，使百姓無怨，使天下太平，才是一種眞正的遠害全身。相反，謹言愼行，結舌自保，才是眞不知如何避害全身。坐視政教日墮，禍患四起，天下大亂，必將危及自身。覆巢之下，安有完卵?大亂之中，凶然何逃!欲遠害全身，又豈可得乎?

仔細想想，仲淹之論確實也有道理。證之歷史，結舌鉗口欲求自保而不得者，實在也是多不勝舉。典型的如晉之里克，秦之李斯。

晉獻公妃子驪姬與優人施合謀殺太子申生而立奚齊，伯獻公重臣里克阻攔，施夜半會見里克，告訴他如果他讓驪姬殺太子立奚齊，此謀必成。里克問：「中立其免乎？」意思是我保持中立就可以免受牽連嗎？後來里克確實保持了中立，讓驪姬得逞其志，但他仍不免於晉惠公之誅。《史記·晉世家》：「夷吾立為晉君，是為惠公。惠公以重耳在外，畏里克為變，賜里克死。」一個不能持正而行的人，自然會被疑為易變，遭疑而被誅，大約也是難逃的必然的結果。

秦相李斯在秦始皇死後本該擁立仁厚而有眾望的長子扶蘇，而且他自己也清楚應該如此，當趙高告訴他始皇留給扶蘇的詔書及符璽皆在二世處，不過「定太子，在君侯與高之口」時，李斯還能不失清醒地回答：「此非人臣所當議也。」但當趙高以扶蘇即位，必用蒙恬為相，「今釋此不從，禍及子孫」相誘脅時，李斯也終於為求自保而聽從了趙高。結果呢？二世上台第二年，李斯便被以謀反治罪，受腰斬之刑且夷三族。

人常以遜言遜行結舌避禍為明哲，以為我惹不起可以躲得起，其實道之不行，想躲又哪裏容得你去躲！如此行事，說到底還是為一己私利所惑，最終結果不外乎縱惡為患，禍及自身，真的是愚不可及。蘇軾在他的《隱公論》一文中曾就李斯事發抒過一段很能發人深省的議論：「君子之爲仁義也，非有計於利害。然君子之所爲，義利常兼，而小人反是。李斯聽趙高之謀，非其本意，獨畏蒙氏之奪其位，故勉而聽高。使斯聞高之言，即招百官陳六師而斬之，其德於扶蘇，豈有既乎？何蒙氏之足憂？釋此不爲，而具五刑於市，非下愚而何？」察里克、李斯之行及由此而得的結果，蘇軾之言，確爲深識之論。

如此想去，仲淹之迂，不也是一種若愚若迂的大智嗎。

言忤宰相

仲淹將天下之士釐爲危言危行和遜言遜行二黨，並且以爲，「斯二黨者，常交戰於天下，天下理亂，在二黨勝負之間耳。」這當是仲淹於宦海沉浮中身之所歷、目之所察而悟之於心的深識灼見。俗話說，人上一百，種種色色，得躋身於朝堂者，自然也是良莠不齊的，有不以一身禍福而易天下之憂，危言危行卓然不群的忠信之士，亦有祇謀一身禍福，唯求全身自安而遜言遜行乃至營營苟苟的僥倖之徒。所謂「道不同不可以與謀」，如此判若冰炭的兩類人同列於御坐之前，自然是不能不常常交戰的。

景祐二年，仲淹就身歷了一次這兩黨之間的交戰。

景祐二年，朝廷又有了一次人事變動，李迪罷政，王曾同平章事，蔡齊參知政事。二月，范仲淹也升爲禮部員外郎，天章閣待制，不久便調回京師，判國子監。

也就在這一年，被廢的郭皇后不明不白地死了。據說郭后死前不過祇是一點小病，是內侍閻文應親帶太醫前往診視，並將她移居嘉慶院，但只幾天工夫，郭后就死了。其實，郭皇后被廢黜之後，仁宗對她似乎也並不是完全恩斷義絕。《宋史·郭皇后傳》說：郭后被廢之後，「帝頗念之，遣使存問，賜以樂府，后和答之，辭甚愴惋。」這大約也是所謂「一日夫妻百日恩」吧。郭后被廢，內侍閻文應及宰相呂夷簡起了很大的作用，是否是閻文應怕皇帝回心轉意而對自己不利，在郭后生病時借機做了手腳，史無明載，不好妄測。但郭后死後，許多人心存疑問卻是眞的。諫官高若訥、姚仲孫等就上書彈劾閻文應，明確提出了他們的懷疑。

閻文應身爲內侍卻「專恣不恪」，甚至常矯皇帝意旨外控執政，這本來就是范仲淹非常擔憂的事情。皇后暴死，更激起他一腔憤怒，他決心與閻文應一決高低。這一次仲淹事先甚至作好了不是魚死就是網破的打算，在去見仁宗之前，他安排了家事，並對長子純祐說：「吾不勝，必死之！」但這一次還好，閻文應終於被貶逐嶺南，死於去流放地的途中。不過，仲淹此舉也使當朝宰相呂夷簡十分難受。而且，依呂夷簡之見，仲淹身爲待制，不過是皇帝侍臣，本來就不應行建言進諫的「口舌之任」。但仲淹卻不以爲然，在他看來，身爲侍臣，建言進諫正是職責所在，豈有坐視沉默之理。

范仲淹與呂夷簡的矛盾集中反映在選拔人才上。夷簡在位日久，「頗務收恩避怨，以固權力」，以至倖進之徒奔走於門下。這是仲淹所不能接受的。一次，夷簡對仲淹發感慨，說自己見過的人也算不少了，但卻沒有遇到一位眞正有節行的。仲淹當面反駁說：有節行的人自然是有的，祇是你不能知道而已。以你這種想法待人，有節行的人也不會投到你的門下。也就在這個時候，仲淹向仁宗上《百官圖》，指出百官進止，如何才是公平持正，循序升遷，哪些只是因私倖進，超格越級。他希望仁宗重視選賢任能，特別是「進退近臣，凡超格者，不宜全委之宰相。」而且，他還引漢成帝時事向仁宗進言，明確表示自己對於仁宗信夷簡如成帝之信張禹，可能因此而敗壞朝政的擔憂。

漢成帝永始、元延年間，王莽專權，當時日蝕、地震頻仍，吏民上書多言災異所致，在王氏專權。成帝「意頗然之」但又「未有以明見」，便親至張禹宅第向他請教。張禹對成帝說，災變之由，深遠推見，人們以為是王氏專政所致，不可信。成帝以此不疑王莽，終於釀成新莽之禍。仲淹以為，如夷簡之「收恩避怨」，大類張禹，且他「以大為小，以易為難，以未成為已成，以急務為閑務」，實在有失宰執之責。他向仁宗推薦韓億，以為億素有仁心，寬懷大度，可取夷簡而代之。

呂夷簡的抗辯自然也是情理中事。為仲淹的指責，呂夷簡與范仲淹在仁宗御前發生了激烈的爭論，他對仲淹的指責一一加以辯駁，並怒斥仲淹「越職言事，薦引朋黨，離間君臣」。御史大夫韓瀆附和夷簡，甚至請求仁宗書列仲淹一黨官吏姓名，張掛於朝堂之上，用以戒越職言事。由此，仲淹被罷免館職，貶知饒州。

朋黨之災

仲淹的此次被貶，使朝野震驚。秘書丞余靖上言：「仲淹以一言忤宰相，遽加貶竄，況前所言者在陛下母子夫婦之間乎？」意思是說仲淹以前上書請求太后還政，諫止廢后，都沒有遭到如此重貶，哪裏能夠因為與宰相一言不合便遭貶放呢？他請求仁宗憂容為懷，收回成命。太子中允尹洙更是憤然上書，自稱得仲淹舉薦，與仲淹「義兼師友」，仲淹即以朋黨之罪召致貶放，自己按理不該倖免，願意與仲淹同受貶黜。為此，余靖被貶至江南西路，監筠州（今江西高安）酒稅，尹洙被貶郢州（今湖北鐘祥），監郢州酒稅。時任館閣校理的歐陽修也憤然致書右司檢高若訥，力陳仲淹「剛正好學，博通古今」，不應以忠言忤相而遭貶，他在這封信中憤然指斥高若訥，御史台已張榜於朝堂，戒百官不得越職言事，可言者唯有諫官。而高若訥身任諫職，不僅「在其任而不言」，反而「昂昂自得，了無愧畏」，以為仲淹當黜。如此行事，居然還敢面見士大夫，出入朝中稱諫官，實在是「不復知人間有羞恥事」。歐陽修甚至在信中慨然言道：「若猶以希文不賢而當逐，則予今日所言如此，乃是朋邪之人，願足下直攜此書於朝，使正予罪而誅之，使天下釋然知希文之當逐，亦諫官之一效也！」高若訥果然把這封信交給仁宗，歐陽修也因此被貶爲峽州（今湖北宜昌）夷陵令。到此爲止，因仲淹、夷簡之爭，余靖、伊洙、歐陽修等朝臣相繼遭到貶黜。第二年，呂夷簡也被罷相，「由是朋黨之論興矣。」

這就是仁宗親政不久於景祐三年出現的第一次朋黨之災。仲淹等人坐貶之後，館閣校勘蔡襄作了一首《四賢一不肖詩》，「四賢」即仲淹、余靖、尹洙、歐陽修，「一不肖」即高若訥。詩出，京都人士「爭相傳寫，鬻書者市之得厚利」，甚至契丹使者也買回去張帖在幽州接待宋使的驛館牆上。這一次朝廷黨爭所造成的震蕩，由此也可略見一斑。

總之，仲淹是又一次因直言忤上而坐貶了。不算天聖八年諫止仁宗率百官爲太后上壽及請太后還政不果外放通判陳州，自明道二年諫止廢后到這一次的朋黨之災，短短四年間就兩度遭貶，而且一次重過一次。其進也速，其退也遽。許國忘家卻獲罪落職，眞正是情何以堪！但仲淹似乎仍然沒有任何悔意。貶知饒州，四十八歲率家人渡江南行，他想到的仍然是「盡室得江行，君恩與全活。回頭諫諍路，尙願無壅遏。」他求之於己的也仍然是「此而爲郡，陳憂憂布政之方；必也入朝，增蹇蹇匪躬之節」。他仍然要有犯無隱，該怎樣就怎樣。范仲淹也確實是迂闊得可以。豈止仲淹，如余靖、尹洙、歐陽修者，不也是迂闊得可以嗎？

不過，也許正是論到這一層，也讓我們不能不對這樣一些含忠履潔，心介如石的至誠君子，更生出幾分由衷的欽敬。非破家爲國，敢捨身求道者，誰能犯顏色，觸忌諱，如此危言危行，忠直進諫？而且，說到迂闊，這似乎也是古來心懷天下，惟道爲行的至誠君子們大體一致的特徵，比如孔子的席不暇暖，汲汲於道，知其不可而爲之；比如孟柯的出齊入宋，去魯奔梁，於亂世之中「欲平治天下」，豈不都有這些迂闊而不識時務？但就一個民族的發展而言，又哪裏少得了這樣的迂闊呢？從這一角度看，我們可以將仲淹之性目之爲迂闊，我們甚至也不必過於苛責那些爲求自安而遜言遜行之輩。人的個性氣質，或剛毅或懦怯，成之於天，實在難以勉強，因而也不必因其不能而責其不爲。何況人各有志，比如他求安逸而惜官位，比如他懼饑寒而戀利祿，通達一點看，其實也不是不可以理解。但世道人心，終歸是景行於那些敢捨身求道，能許國忘家的至誠君子的。不苟且於當世，必仰止於後人，至少可以無怍於世，無愧於心。這不也是人生應該有的一種境界嗎？

寧鳴而死，不默而生

心懷先憂後樂之志，還眞是少不了這一分不慮進退，不計得失，許國忘身，有犯無隱的迂闊。從憂之必謀之，謀之必求成之的角度看，這憂、謀之間必然會犯顏色，會觸忌諱，會倒霉頭。你要先天下之憂而憂，求與天下同其安樂，但有人祇憂自己的身家祿位，他不願意與天下同安樂，或者他雖然也願意天下安樂，但他要先求自己安樂然後再求天下安樂，兩下相忤，哪裏能互避鋒鏑而不相犯觸？

仲淹景祐三年進言仁宗杜循私倖進之弊，防張禹新莽之亂，就沒法不與當朝宰相呂夷簡相犯觸。客觀地說，呂夷簡眞還不是一個營營苟苟、奸佞僥倖之徒。

仁宗一朝他位列輔弼，數度宰執朝政，也算是忠心耿耿，並且也做了一些好事，比如天聖五年大內失火，百官早朝而宮門不開，入疑宮中有變，請見皇上。仁宗在拱辰門接見群臣，百官拜樓下，獨夷簡不拜，一定要仁宗舉簾露面之後他才放心。天聖七年玉淸昭應宮被焚毀，章獻太后想重建，也是他盡力諫止了。他身居高位，周旋於仁宗母子之間，其實也是兢兢業業且備嘗艱辛的。而且，夷簡對仲淹也是欣賞並有所保護的。仲淹景祐三年黨爭之禍被貶之後，康定元年朝廷祇決定恢復他天章閣待制改陝西都轉運使，當時夷簡又任宰執，他對仁宗說，以范仲淹之賢，「朝廷將用之，豈可擔除舊職？」仲淹因此得以除龍圖閣直學士，遷陝西經略安撫使。仲淹知延州時，私自致書趙元昊，「元昊復書，語極悖慢」，仲淹祇「奏其狀，焚其書不以聞。」人臣無外交，仲淹這件事實在做得有些莽撞。朝廷議罪，參知政事宋庠認爲可斬，樞密副使杜衍認爲仲淹志出於忠，不可深罪。仁宗徵求夷簡的意見，夷簡認爲「杜衍之言是。止可薄責而已。」仲淹因此沒有被嚴加追究，只降知耀州。《涑水記聞》卷八載，夷簡此舉，使「論者嘩然」，宋庠也因此「尋亦出知揚州」。

但即使如此，又能怎樣呢？仲淹景祐中觸其忌諱，他仍然要誣仲淹「薦引朋黨，離間君臣」以至貶而黜之。如夷簡者尚且如此，何況朝堂之上更不乏宵小者流。

說到底，眞正的先憂後樂，確實必先出以至性，然後方可爲之。而出以至性，持道獨行，不計進退，不知避害，其於世也便「立身必孤」。一般人無法理解，自然不免目之爲迂闊而不識時務了。如仲淹所歷，正在於此。

其實，豈止一般人無法理解。景祐三年仲淹貶知饒州，詩人梅聖俞曾有一首《啄木》詩，詩中將仲淹喻爲啄去林中蠹蟲的啄木鳥：「啄去林中蠹，未肯出林飛。不識黃金彈，雙翎墮落輝。」詩中自然有對仲淹的讚嘆，但是不是也有對仲淹的「不識」和他的「未肯出」的惋惜呢？

這樣理解應該是有根據的。仲淹在饒州貶所時，聖俞還有一篇《靈烏賦》見寄。賦中以靈烏喻仲淹：「烏兮，事將乖而獻忠，人反謂爾多凶。」既然如此，作者以爲還不如「結爾舌兮鈐爾喙，爾飮啄兮爾自遂，同翺翔兮八九子，勿躁啼兮勿睥睨，往來城頭無你累。」如此相勸，自然是出自朋友間的一番好意。但認為仲淹觸忤宰相是躁啼置喙，自取貶放，因而當結舌鉗口求翱翔無累，想來他對仲淹的有犯無隱，不知緘默避害，還是自有看法的。

仲淹為此也作了一篇《靈鳥賦》「勉而和之」，表達了自己與聖俞雖「感物之意同」但「歸而殊途」的心志。仲淹以為，靈鳥之為禽，自然可以「高翔而遠翥」，而不必「號呼於人」，以致「告吉凶而逢怒。」但靈鳥之為靈鳥，正在於它「累陰陽之含育」而有生，「處天地之覆露」而有質，使其能以其啞啞之鳴「為凶之防」而「警於未形」。假若為求保全自身而不惜默處至於稔禍於人，那又與豐食而肥的倉鼠何異？譬如「見譏於楚狂」的鳳凰和「見傷於魯人」的麒麟，「鳳豈以譏而不靈？麟豈以傷而不仁？」他是要「寧鳴而死，不默而生」的。

如此「殊途」，甚至造成仲淹與聖俞之間的隔膜。聖俞本來也是一至性君子，他對仲淹也心懷欽服，皇祐四年仲淹去世，聖俞以詩挽之，詩中讚仲淹「貧賤常甘分，崇高不解諛」。說自己與仲淹「雖然門館隔，泣與衆人俱」。哀挽之情也溢於言表。聖俞與仲淹之間詩文往還一度也十分密切，但自有這兩篇《靈鳥賦》的酬和之後，他們之間便不見有詩文唱答了。

以聖俞之賢，而且不能深解仲淹至此，何況芸芸俗衆！

千載成迂闊

仔細想想，這其實也是情理中事。所謂「甚美惡亦稱」，至性之人，又哪裏能以常理推之！仲淹於此，其實也深有所感，景祐間貶知饒州時，他有一首《和謝希深學士見寄》，詩中便深有感觸地說自己：「豈獨世所非，千載成迂闊。」

平心而論，仲淹之性確實不能不謂之迂闊。

看看中國幾千年封建社會，改朝換代，多少君主，有幾個能眞正容得下臣子有犯無隱？有幾個眞肯平心靜氣虛懷若谷誠心誠意聽你一次次饑切他的朝政？「普天之下，莫非王土，率土之濱，莫非弄臣。」這是所有帝王都決不懷疑也決不允許被懷疑的當然之「理」。在這些帝王的心中，其實所謂天下之道就是他們自己，又哪裏眞正容得下你求與天下同其安樂之道？觀仲淹一生，如此憂在治世，有犯無隱，而且從某種意義上看，仁宗也還算是一個不那麼獨斷專行的皇帝，結果又如何呢？仲淹仍是數遭貶黜，慮多而成少。梅聖俞在挽仲淹詩中說他：「文章與功業，有志不能成。嘗以躋大位，終然屈大名。」雖似微詞，但也是事實。

可貴的是，即便如此，仲淹仍然終始如一，不改其性。他在康定元年有一封給呂夷簡的信，信中對自己就作過如此剖白：「仲淹於縉紳中獨如妖言，情既沮齬，詞且睽戾，有忤天子大臣威。……然則忤之情無他焉，正如陸龜蒙《怪松圖贊》謂草木之性，其本不怪，乘陽而生，小已遏，不伸不直，而大丑彰於形質，天下指之爲怪木，豈天性之然哉？」出之以至性，其行則必由之以性，正如草木之「乘陽而生」，育之順之不改其「乘陽」之性，阻之遏之亦不改其「乘陽」之性。而出之以至性，自然也就能進退惟道，窮逆不改，威武加之亦不屈。其求之於己，亦當不避行之以迂闊且安之樂之以迂闊。仲淹在《靈烏賦》中就以靈烏自擬，慨然抒懷：「我烏也勤於母兮自天，愛於主兮自天，人有言兮是然，人無言兮是然！」

這也正是仲淹之爲仲淹處。一代英才，自有其過人之節。其於世，必卓拔超群，獨立不倚，且終必雖九死而獲未悔，歷百劫而不改其初，所謂「生死窮達，不易其操。」其爲人，必能持性守孤，剛正清明，不以全身而偷生，不以遠害而默默，所謂「內守忠補，外修景行。」其行事，則必是知其必爲而拼力爲之，董道不豫，死無所避。更無暇計議於窮達，求理足而無憾，「至於不可奈何而後已」。所謂「進退惟道」，有犯無隱。

這其實也就是仲淹自謂「千載成迂闊」的眞義所在。這也就是我們常說的氣節、操守。如此節操，存於內則爲仁德，化於外則爲堅貞，執於行則成義理，達於人則爲典範。以此立身面世，「前不愧於古人，後可師於來哲，」千載之下，生氣凜然——人可笑其行事的迂闊，卻決不能不敬其志行的高潔。南宋劉宰稱仲淹爲北宋第一人；金元遺山說仲淹「求之千百年間，蓋不一二見」，此即爲明證。

留取雲山靜處看

「無功可上凌煙閣，留取雲山靜處看。」這是仲淹言忤宰相，三出專城，在貶所饒州得遊廬山時，自題於廬山道士程用之爲他所作的畫像上的兩句詩。這兩句詩，很形象地道出了仲淹貶放之中不以進退爲憂而處之泰然的心境。一年多以後，仲淹由饒州移潤州，在給朝廷的謝表中，他也表達了同樣的意思，即所謂「長懷霜潔，至效葵傾。進則持聖政之方，冒雷霆而不變；退則守恬靜之虛，淪草澤以忘憂。」

對於仲淹這樣一個祇求與天下同其安樂而不慮一己之私的賢士君子，不以進退爲意，於貶放之中亦能「守恬靜之虛」，應該是很自然的事情。

盡室得江行

仲淹與呂夷簡相忤被貶，景祐三年五月出京，「盡室得江行」，經三個月的跋涉，於八月到達貶所饒州。

天聖九年諫止仁宗率百官爲太后上壽並奏請太后還政未果，出京通判河中府、陳州，景祐元年諫止仁宗廢后未果被逐出京師，出守睦州。算到這一次被貶知饒州，已經是「三出專城」了。而且，這一次以朋黨之禍貶出京師，實在是有些淒涼。離開汴京時，朝廷上下許多人都怕受到牽連，只有妻兄李紘與朋友王質攜酒相送。據仲淹《年譜》，當時王質正因病去官居閑，聞仲淹被貶，扶病在都門設宴，獨與仲淹「留語累夕」。當時有人勸王質說：「你有病，正可以不去相送，何必自陷於朋黨之中呢？」王質回答說：「范公天下賢者，質何敢忘之？若得為其黨人，公之賜質厚矣。」王質去世，仲淹在為他作的祭文中也談到此事：「余謫於江南，靡貴賤而見嗤，公慷慨而不顧，日拳拳以追隨。」受謫出京，落職上道，畢竟還有一、二知己不避嫌疑，慨然相送，想來也是一個安慰。只是如李紘、王質之慷慨方正者實在是太少了。宋魏泰撰《東軒筆錄》卷十三記，仲淹自京師赴饒州，水陸行數月，歷十餘州，沿途州縣官吏「無一人出迎迓者。」仲淹此行，伴一路風塵的寂寥與落寞，不言可知。

忠直進諫，一心為國，言之不行，反遭貶放，而此時已經是年近半百的人了。仲淹會不會有那麼一點沮喪乃至幽怨呢？不好說。但依常情，大約無論如何都不會有好心情的。兩年前貶知睦州時，仲淹有《謫守睦州作》一首，詩中有

「一心回主意，十口向天涯」。主意難回，諫而不止，皇后終於被廢，自己也一家十口於正月料峭寒風之中走向天涯，心情自然是抑鬱的。而這一次已兩鬢如絲又三出專城，盡室江行，心意該更是鬱鬱難展的。在饒州仲淹有一首《和謝希深學士見寄》，詩云：「天地久開泰，過言防結括。誰憐多出處，自言有本末。……豈獨世所非，千載成迂闊。」這位政治家自感不被理解的無奈與蒼涼，在詩句中隱然可見。

不過，中國的遷客騷人們似乎都能找到自我排解的妙法。他們或寄情山水，用造物所賜的清風明月、奇山秀水來洗濯自己受傷的心智；或研經磨道，在空門虛靜中超然物外、淡泊自適以安頓自己不安的靈魂。許多人在如此做去的時候，雖然常常透著幾許人生的無奈，但眞能如此，倒也確實能收幾分使自己安逸而樂的功效。例如白樂天不遇於文宗稱病東歸之後，「居履道裏」，放意文酒，所謂「岸取舟行遲，一曲進一觴」。應該還是很有些安適快樂的。說穿了，這是在求一種自適之樂，而人生的安適還眞就在於人能隨遇而自安自適，且能於自安自適中隨遇而自樂。與范仲淹慶曆中同列宰輔，也是北宋名相的韓琦有詩云：「酒酣陶然睡席上，人生所適貴自適。」這應該是一種智者的感悟。

范仲淹大體也是在寄意青山秀水，以自適自安來排解自己的抑鬱的。比如景祐元年貶知睦州，就是睦州「春之盡，秋之夕，既清且幽」的秀水岩泉洗濯了他的身心。睦州即現在浙江桐廬、建德，這裏有富春江自西南向東北流過，「魚釣相望，鳧鷟交下」，還有「群峰四來，翠盈軒窗。」這使仲淹很快便從「十口向天涯」的抑鬱中解脫出來了。他在睦州給晏殊的信中就極言此處的「滿目奇勝」。信中還不無欣悅地談到自己與章、阮二從事「夙宵為會，迭唱交和，忘其形體」，且「往往林僧野客，惠然投詩。其為郡之樂，有如此者。」在仲淹的感中，這一切實在是「大得隱者之樂」，他甚至「惟恐逢恩，一日移去」。

一聽升沉造化爐

此次貶知饒州，仲淹更得要在麗山秀水中安撫自己的心靈了。饒州西臨鄱陽湖，與廬山隔湖相望，山光水色應該是更令人傾心的。鄱陽的朝暉夕陽，廬山的飛瀑流泉，這佳景勝境，眞是為仲淹提供了一個平復自己心情的好去處，加之數遭貶放，三出專城，也算是曾經滄海了。因此，這一次雖然受到的貶責更重，離開汴京時的情景也更加淒涼，但仲淹似乎比前兩次遭貶出京時更看得開了。在饒州期間，政事之餘他泛舟鄱陽，暢遊廬山，結交僧道，心意舒展，很有點齋中瀟洒，逍遙自放的味道。他的《郡齋即事》詩就寫道：

三出專城鬢有絲，齋中瀟洒勝禪師。
近疏歌酒緣多病，不負雲山賴有詩。
半兩黃花秋賞健，一江明月夜歸遲。
世間榮辱何須道，塞上衰翁也自知。

明月江上，歌酒賞菊，不負雲山，齋中瀟洒，甘樂自知，世間榮辱得失，也都被置諸腦後了。

饒州與廬山隔湖相望，從饒州州治舟行向西，橫過鄱陽湖即到五老峰下，自然是不能不過湖一遊的。面對這座名山的峰巒瀑影，仲淹也真的成了一位寄情山水，自在逍遙的詩人了：

五老閑遊倚舳艫，碧梯嵐徑好程途。
雲開瀑影千門掛，雨過松黃十里鋪。
客愛往來何所得，僧言榮辱此間無。
從今愈識逍遥旨，一聽升沉造化爐。

沿碧梯嵐徑，觀雲開瀑影，眼前祇有良辰美景，心中自然無榮辱升沉。詩人此時此刻逍遙乎山水之際，而得失沉浮一任造化的心境，應該是眞實的。仲淹在酬答一位名叫黃灝的朋友的詩中，也說到自己此時的心境：「白雪孤琴彌冷淡，浮雲雙闕自崔嵬。南方歲晏猶能樂，醉盡黃花見早梅。」心意淡然中醉盡黃花之後更有早梅可賞心悅目，且南方的歲尾年頭都有可娛之物，這不更是「大得隱者之樂」了嗎？景祐四年（一〇三七年）十二月仲淹徙知潤州（今江蘇鎮江），後又於寶元元年（一〇三八年）十一月徙越州。仲淹在給文鑒大師的信中談到自己「赴越上，不似謫宦味，多幸多幸！」想來這兩年多中他確實是在一種大體能淡然自適，隨遇自樂的心境中渡過的。

細究起來，仲淹能有如此心境，關鍵還是在於他有心憂天下但無意於得失，惜於名節而不慮於榮辱的大胸懷。他有一首自題畫像詩，詩云：「貌古神踈畫本難，因師心妙發毫端。無功可上凌煙閣，留取雲山靜處看。」凌煙閣是唐太宗圖繪功臣的地方。貞觀十七年，太宗李世明詔使畫家閻文本圖長孫無忌、杜如晦、魏徵、尉遲敬德等二十四位開國功臣畫像於凌煙閣，太宗自爲讚，褚遂良題閣。其後侯君集因承乾太子獲罪牽連被處以極刑，臨刑前太宗與之涕泣訣別時，所憾亦在「爲卿不復上凌煙閣矣」。不用說，立身於朝，出將入相者自然都希望有圖畫於凌煙閣之殊榮的。

對范仲淹來說，其所憂在國、民而不在自身的榮辱，所求在治世而不在一時的功名。憂、求所在，自然是希望能成其功效而有功於當世的。在他的內心深處有沒有能圖畫於凌煙閣的希求呢？依情理論，想來應該是有的。但無論如何，「未酬天地之恩，己掇風波之議」，能做的也祇能是盡於人事，「然後理足而無憾」。好在正是因爲憂望所繫不在一己之榮辱得失，既已「理足」，便也不妨「留取雲山靜處看」了。

人生中的鬱鬱不得開心顏，許多時候不就是因爲人汲汲於去留，斤斤於榮辱而不能自釋嗎？胸懷大道而不惑於得失，心意自然能夠舒展。說穿了，人生天地間，也不過就是以此有形之身寄命於此，悠悠然隨無始無終的時間之流走過這有限的一生。天地何大，人生何小，何處不可以寄身？處廟堂之高，求建功立業，自有可樂。處江湖之遠，寄身於山水之間，此身有「寄」則此身可存，此身仍爲我有，不也一樣可以自適而有樂？

先生之風，山高水長

仲淹的淡然自適，隨遇自樂，確實來自於他不計於得失，不慮於榮辱的大胸懷。從另一個角度看，他的淡然自適，隨遇而安本身，也是與他厭惡獵逐祿利而靖節自高相互生發的。事實上，沒有棄祿利如糞土的靖節自高，僅僅寄情於青山秀水，至多也不過能顯現爲一種在品嚐了人生的無奈之後的放浪形骸，又哪裏眞的能「大得隱者之樂」，而至於齋中瀟洒」、「一聽升沉」？

山水確實能給人以撫慰，但真能得山水撫慰者，也必是那些慕高潔如山水之青秀的人。如仲淹者，於貶放中在睦州、饒州所得的心意舒展，又豈止僅僅來自於這裡的青山秀水、江風明月？即如睦州，就不僅有富春江的「魚釣相望，鳧鶩交下」，也不僅有「群峰四來，翠盈軒窗」，而且，這裏更有「嚴子陵之釣石，方乾之隱茅」。

嚴子陵即東漢時期的大隱士嚴光，他本來是漢光武帝劉秀的同學，也是與光武帝「相尚以道」故人。但到漢光帝即帝位「臣妾億兆」，許多人趨奔其下謀有作爲的時候，惟子陵不以故人之舊趨取祿利、竊占名位，而是「以節高之」，「獨不事王侯」，堅辭劉秀所授諫議大夫之職，遁於桐廬，改名隱居，垂釣於富春江上。到仲淹貶知睦州時，此處自然是人已化鶴，釣石空餘了。但嚴子陵大名猶存，富春江江景依舊。仲淹沐朝暉夕照，於子陵灘前見白雲徘徊，觀漁人垂釣，撫今追往，眼前山光水色的澄澈與心中對靖節自高的傾慕不是正好相應相生嗎？

實際上，仲淹到睦州不久，即主持營建嚴子陵祠，並寫了《桐廬郡嚴先生祠堂記》，記中讚子陵能使「貧夫廉，儒夫立，是有大功於名教也。」在仲淹心中，「雲山蒼蒼，江水泱泱，先生之風，山高水長！」記成之後，他還請隱士邵餗書以小篆銘刻於石。他在給邵餗的信中說：「今先生篆高四海，或能枉神於片石，則嚴子之風千百年未泯，其高尙之爲教也亦大矣哉！」仲淹對於子陵的敬仰，眞個是無以復加了。他還有《釣台》詩：

漢包六合網賢豪，一個冥鴻惜羽毛。
世祖功臣三十六，雲台爭似釣台高？

世祖即漢光武，而雲台則是漢光武的兒子漢明帝圖畫中興功臣的地方。《詩林廣記》後集卷十云：「子陵釣台，賦者甚衆。如文正此詩，眞足以廉頑立懦。」確實，仲淹對嚴子陵的景仰，不正是他自己心中那份慶棄祿利名位，但憂國憂民卻進退不止的高潔情懷的傳眞寫照？

翻閱仲淹詩文，如此傳眞寫照，還有很多。景祐元年五月，仲淹奉調由睦州移知蘇州。蘇州是仲淹的鄉梓之地，也是古吳國建都之地。這裏有紀念吳相伍子胥的伍相祠，有傳說曾爲吳王離宮的靈岩寺，這自然都是很容易引發人的思古幽情的地方。這些地方，仲淹都留下了詠史抒懷的詩作。在伍相祠，仲淹有《伍相祠》，詩云：

胥也應無憾，至哉忠孝門。
生能酬楚怨，死可報吳恩。
直氣海濤在，片心日月存。
悠悠當日者，千載只慚魂。

在靈岩寺，仲淹又有《靈岩寺》，詩云：

古來興廢一愁人，白髮僧居掩寺門。
越相煙波空去雁，吳王宮闕半啼猿。

春風似舊花猶笑，往事多遺石不言。
唯有延陵逃遁去，清名高節老乾坤。

伍子胥一片忠心可對日月，助闔閭興吳，最後卻被夫差賜劍自刎。仲淹也是一腔忠直可對蒼天，如今卻因忠直被貶，落職外州。在伍相祠，他是否會由伍子胥逢殃而想到自己呢？伍子胥一腔正氣如海濤長在，一片忠心如明月永存，即能如此，也便死而無憾了，較之子胥，仲淹不是也一樣可以無憾嗎？

《靈岩寺》中的延陵即吳公子季札。季札是吳王諸樊之弟，他多次辭讓君位，後封於延陵（今江蘇常州）。這是一位被司馬遷譽爲「慕義無窮，見微而知清濁的人，」仲淹於傳說爲吳王離宮所在地的靈岩寺眺望太湖，自然不會不想到這位古代君子。在仲淹心中，雖越相煙波之上祇餘春來大雁，吳王宮闕亦已半是啼猿，但春風似舊，往事多遺，延陵清節不沒，可至地老天荒。

恥佞人之心，慕忠臣之節

仲淹心中所景行仰止的賢士君子，就是那些能以自己的志行高潔而「廉頑立懦」的人。在《蘇州謝就除禮部員外郎充天章閣待制表》中，仲淹自謂：「恥汨沒以懷安，或感激而論事。惟慕古人之節，希英主之知。」稱自己始終一心，「內守樸忠，外修景行。」其所慕、所守、所修，總而論之，心志實一，即為國不避於榮辱，憂民不慮於得失，以清節立身，以忠直立朝，「剛正之氣，出乎誠性，見乎事業。」

「剛正之氣，出乎誠性，見乎事業。」這句話是仲淹在《唐狄梁公碑》中對狄仁傑的讚嘆。

狄仁傑是唐代名相，弼輔高宗、武周兩朝，是一位敢「抗天子而不屈」，「拒元帥而不下」的人。高宗時，他任大理丞。武衛將軍權善才因在昭陵伐柏而坐罪，高宗下詔處死，但狄仁傑卻抗旨不從。高宗非常生氣，說：「他這是要陷我於不孝啊！」其他朝臣都勸狄仁傑暫時避一避高宗火頭，而狄仁傑卻主動上前對高宗說：你因為一棵樹就要殺一位將軍，假如有人從長陵盜土，你又以什麼處罰來加重治罪呢？我並非要有意抗旨，而是怕如此做來會陷你於無道！

武則天當政時，狄仁傑為相。中宗被幽於房陵，武則天想立其侄武三思為嗣，問於朝臣，衆皆稱善，獨狄仁傑不應。武則天問他：「難道你有什麼異議嗎？」狄仁傑坦率回答：「確實有。以前陛下你讓三思招募武士，歲時之間僅數百人。到你換廬陵王代之，數日之間應者十倍。我由此知道人心還是向著李唐的。」

這等於是在說武氏篡國，難怪武則天大怒之下命人將他杖策出殿。以後武則天又數次勸逼，希望狄仁傑能夠同意立三思為嗣，狄仁傑毫不妥協。最後一次武則天甚至對他說：「我要立三思為嗣，朝臣們都同意，我就等你一句話。你答應了，我保你長久富貴，不答應，我也就再不與你見面了。」

狄仁傑從容回答說：「太子為天下之本，本搖則天下動。陛下怎麼可以為自己一心之欲而置天下於不顧呢？太宗以百戰得天下，傳之子孫，三思憑什麼得嗣呢？……況且姑與母誰更親？子與侄誰更近？立廬陵王，陛下萬歲之後仍將受到唐之子孫的供奉。如立三思則不然，天下哪有以宗廟供奉姑母之禮！我不能因爲惜命而聽從於你，就由你隨便處置吧。」連武則天也由衷感嘆：

「豈朕之臣，社稷之臣也！」

史載，武則天與狄仁傑作這番對答時，太子盧陵王也應召躲在簾內武則天之側。狄仁傑一番話後，武則天感激泣下，命盧陵王出簾拜謝狄仁傑，謂「今日國老與汝天子。」

這樣一位爲國家社稷敢冒斧鉞湯鑊的人，仲淹自然是極其仰慕的。寶元元年（一〇三八年），仲淹自饒州徙知潤州，過彭澤。狄仁傑曾被貶爲彭澤令，彭澤有狄公祠。仲淹瞻仰狄公祠並作《唐狄梁公碑》。文中仲淹讚狄仁傑剛正之氣出乎誠性，仲淹自己不也是這樣一個人嗎？這讚語中有沒有仲淹對於自己的期許呢？

君子間的相知相慕

常言道，物以類聚，人以群分。君子相知，自然是深識之亦心敬之。由人及己，心敬之亦必慕之，由內心流瀉出來的讚語之中，也自然會有某種自期蘊藉於其中。

仲淹內心讚佩推崇的同代人，也是那些秉一腔剛正之氣，以天下爲憂而不佞不倚的誠信君子。寶元元年（一〇三八年）十一月，仲淹由潤州移知越州。在越州期間，他爲幾個人寫過墓誌、碑銘。他爲作墓誌、碑銘的人，就都是這樣一些他傾心仰慕尊敬的人。

寶元二年，以兵部侍郎致仕於杭州的胡則去世。胡則端拱二年進士及第，眞、仁兩朝爲官達四十七年。這也是一個不貪戀祿位而敢於犯顏直諫的人。胡則爲福唐郡刺史時，朝廷決定將福唐數百頃輪流出租給農民耕種的公田作價賣給這些耕種者，要求他以二十萬貫估價。胡則認爲估價太高，農民承受不了，上奏朝廷要求減半。開始朝廷未予理會，他連上三章，奏章中直言道：「百姓疾苦，做刺史的理當言之。我不能不顧百姓疾苦而聽從朝廷。朝廷可以爲此而免去我的刺史之職。」

這也是一個極重義氣的人。如丁謂被貶竄崖州時，他的舊時賓客甚至許多受過他的恩惠的人，都不敢去照顧一下他的家人，當時胡則也遭到貶謫出知玉山，但他不避嫌疑，派人遠至崖州，送丁謂禮物，表示自己的慰問，和丁謂未遭貶時一樣。如此爲人，實在是很不容易的。天禧中，胡則居郎署，朝廷擬議升他爲諫議大夫，派知廣州，他以家中有八十歲老父在堂，懇辭不就。在仲淹心中，胡則是一個「富宇量，篤風義」，「輕財尚施，不爲私暱」的人物。

仲淹自潤州到越州時，經過杭州，親自拜訪了自己請求退休居於杭州的胡則，並贈之以詩，稱他「官秩文昌貴，功名信史褒。朝廷三老重，鄉黨二疏高。」「二疏」指漢宣帝太子師傅疏廣父子。《漢書·疏廣傳》載，疏廣父子因爲太子師傅得皇帝信任，人以爲幸，他們卻托疾歸里，以盡天年。仲淹以「二疏」讚胡則，在他的心中，胡則自請致仕，不戀祿位，也如疏廣父子無異。胡則去世以後，其子請仲淹爲作墓誌，仲淹欣然接受。墓誌中仲淹讚其「進以功，退以壽。」說他「及退居西湖，乘畫船，擊清波，……與交親笑歌於歲時之間，浩如也，人不謂之賢乎。」

寶元二年四月，蔡齊去世。

蔡齊是仲淹一榜的狀元，也是仲淹的好友。在仲淹心中，這也是一位能以天下為憂的不佞不倚的人。章獻太后聽政時，蔡齊為御史中丞，四川王齊雄無故殺人，因為是太后親戚，不僅沒有被判死罪，甚至其官爵也是前罷後復。蔡齊面呈仁宗，彈劾無隱，以為不能「以恩廢法」，終於將齊雄罷除。明道二年，章獻太后薨，遺命尊曾幫助撫養仁宗的楊太妃為太后，仲淹曾上書諫止，以為史無「因保育而代立」的先例，太后薨而再立，會使天下人誤以為皇帝不可一日無母后之助，有損聖名。蔡齊亦與仲淹共識。仁宗下詔，以「保慶皇太后」稱楊太妃，當時內廷促百官進賀，蔡齊毅然正色，不准御史台僚屬跟隨進賀，自己則直接向執政陳明百官進賀之舉不可行。景祐間蔡齊任參知政事，由於與宰相呂夷簡不合，罷政出知潁州（今安徽阜陽），病逝於潁州任上。仲淹在蔡齊墓誌中稱他「以進賢為樂，以天下為憂，見佞色則嫉，聞善言必謝，孜孜論道，以致君堯舜為心。與大臣居，和而不倚，正而不訐，無親疏之間，有方大之量，朝廷為之重，刑賞為之平。」他為蔡齊的早逝世深深惋惜悲痛。

不為祿仕出

這一年，仲淹還有一篇情眞意切感人至深的墓誌，是為田錫作的。田錫奉太宗、眞宗兩朝，眞宗時官至右諫議大夫、史館編修。這是一個知無不言、敢抗顏直諫的人。太宗初，曾興兵平定西北，攻下太原之後在范陽受阻，久攻不下，太宗非常惱火，連平定太原之功也不欲賞。當時朝野嘩然，但沒有人敢說話，獨田錫上書與太宗論辯，使太宗深有感悟。太宗賜錢五十萬，並下詔褒獎田錫的敢於直言。有僚友勸田錫說：「像這樣的事是很少的，以後最好作一點迴避，以免遭讒忌。田錫說：「事君之誠，惟恐不竭，矧天植其性，豈一賞之奪耶！」眞宗時為諫議大夫，前後上書言事的章疏達五十二份。田錫卒於咸平六年（一〇〇三年），寶元二年（一〇三九年）下葬，仲淹應田錫後人之請，為作墓誌。在墓誌中，仲淹在叙田錫生平行狀時，特別點出田錫「及終，有遺表，陳邦國安不忘危之意，其家弗預焉。」對於田錫臨死不忘國憂，遺表中全不及家事，表達了由衷的敬慕，且銘之云：「嗚呼田公，天下之正人也。言甚危，命甚奇，盡心而弗疑，終身而無違。嗚呼賢哉！吾不得而見之。」

仲淹深自讚佩的這些人，其實都與他自己心志相類，行事相若。仲淹之讚蔡齊以進賢爲樂，以天下爲憂，孜孜論道，致君堯舜，這本來就是他自己一生的追求。正如他在《祭蔡侍郎文》中說的，自己與蔡齊雖地位有異，「立朝禮隔」，但憂在天下，「報國心通」。仲淹之讚胡則，很大程度上是讚其不戀祿位，自請致仕之賢。仲淹自己也是這樣的作爲。慶曆五年（一〇四五年），仲淹請罷參知政事，以資政殿學士知邠州，兼陝西四路沿邊安撫使。此時西夏已經接受宋朝冊命，邊境也開始趨於平靜，仲淹以邊境無事，四路沿邊安撫使之設已無必要，加之自己身體日衰，很快向朝廷上書，又請求罷去使名內調一小州「以求衰晚」。他致書比自己小二十歲的韓琦，極力鼓勵這位正當盛年的志士：「天將授任，必拂亂之，增益所能爾。」談到自己，他則覺得「年向衰晚，風波屢涉，不知自止，禍亦未涯，此誠懼於中矣。」說這番話的時候，仲淹五十七歲。仲淹之讚田錫至死不忘邦國之危，盡心竭力，終身無違，觀仲淹一生，這也正是他自己的傳神寫照。皇祐四年，仲淹在徐州去世。去世前他也有給仁宗的遺表，六百餘字的遺表中也完全「不干私澤」，無一字言及家事。連仁宗也極爲感動，親書其碑曰「褒賢」，並「以其遺表無所請，使就問其家所欲。」

這實在不是任何人都能做到的事情。真、仁兩朝，爲官做宦者，其實並不都如胡則能知老而退，而不是都能如田錫、仲淹至死「其家弗預」。有些人貪戀祿位，獵逐名利，甚至年過八十還不肯辭官。《宋會要·職官》描述這些人的行狀，是「鐘鳴漏盡，未晤夜行之非；日暮途遠，都作身後之計」。而且，按宋制，大臣臨死遺表，是可以爲子孫、家事向朝廷提出自己的請求的，此即所謂「遺表恩」。依情理而論，一生勞碌，櫛風沐雨，躬親劬勞，爲國效力，臨死的時候想想家事，爲子孫做點必要的安排，大約也不爲過。即使在今天，許多身有居處的官員在撒手歸西時，不是也要安排好了身後事才能瞑目嗎？以這些作爲參照，則如胡則、蔡齊、田錫以及仲淹者，可不謂之賢上之賢乎？

說到底，仲淹對於先賢的讚佩，正是他自己「不爲祿仕出」，只求道可行的胸襟的坦露。人常言，無欲則自剛，無私則無畏。仲淹之憂國憂民至不避進退，有犯無隱全敢冒雷霆，不正是來自他的無私無欲嗎？一般說來，只有眞正是一心繫於國、民，無留意於祿位的仁者，才會有眞正的不避身家性命，爭之所必爭，行之所當行的忠勇。仁者以大道爲本，進退惟道，因而不計於得失，不慮於功利，無掛無礙，性自剛直，而且進退窮通，終始如一，自然也就一是一，二是二，自然也就不屑於虛飾委蛇，更不屑於巧言令色了。不用說，仲淹之令人可感可佩，成一代風範，也正在於此！

蘇、浙之行

仲淹在《潤州謝上表》中說自己「退則守恬靜之虛，淪草澤以忘憂。」他說自己能於貶放之中退守恬靜，自適自安，這大約是沒有問題的。但他說自己於貶放之中可以「淪草澤以忘憂」卻是未必了。常言說，心底無私天地寬。人的不能自適自安，從根本上說，也就是因為人心繫於外物不能自釋，貪戀祿位而斤斤於得失。無私無欲，不貪於祿位不計於得失者，得無可喜，失亦可不悲，自然也就天寬地闊，無處不可以自安，無處不可以求樂且有樂，因而也自然可以即使身遭貶放也能心意淡然，寧靜致遠。但懷「先憂後樂」之志如仲淹者，有退守恬靜的自適是一回事，能不能眞正忘憂則又是另一回事。一片至誠，心憂天下——憂而至於不避進退，雖死無恨，哪裏能那麼容易就忘的呢？

及觀民患，不忍自安

確實，即使處江湖之遠，淪於草澤，仲淹也不能稍釋自己憂國憂民的情懷，景祐元年他由睦州移知蘇州，在給晏殊並呈中丞的一封書啓中，就談到：「某連蹇之人，常欲省事，及觀民患，不忍自安。」這確實是他一生處世的眞實寫照。

比如景祐元年因為諫止仁宗廢后，仲淹被貶知睦州。於富春江畔，子陵灘前默會古人，洗濯身心，仲淹自己說他「大得隱者之樂」，甚至「惟恐逢恩，一日移去。」這大約也確實是他的一種眞實的感受。半年之後，仲淹移知蘇州，仍然很是懷念睦州的「隱者之樂」。他在與朋友章岷的一首唱和詩《依韻酬章推官見贈》中就充滿感情地吟道：

姑蘇從古號繁華，卻戀岩邊與水涯。
重入白雲尋釣瀨，更隨明日宿詩家。
山人驚戴烏紗出，溪女笑隈紅杏遮。
來早又抛泉石去，茫茫榮利一吁嗟。

他對自己如此快地就離開了桐廬的岩邊水涯，是很有幾分遺憾與不情願的。仲淹對睦州生活的懷念是眞的，對太快就不得不離開那裏感到遺憾也是眞的，但他一到蘇州便心繫陷入災困之中達「其室十萬」的蘇州百姓更是眞的。

蘇州四周地勢平坦，州治所在爲湖者十之二三，其西南爲煙波浩渺的太湖，納周邊數郡之水，只有湖東松江一脉導湖水由長江入海。春夏積雨之時，松江壅塞，太湖水溢，橫沒諸郡。而且由於祗有一條松江洩洪，必俟松江水落，漫流始下，以至一次大水沒有退盡，來年春夏積雨又至，致使田不得耕，民不得食，「災困之氓，其室十萬。」仲淹到任時，正值大水，他不惑於群説，親自對蘇州水道進行察勘研究，提出導太湖東南之水入於松江，使其直接由長江入梅，另在太湖西北開挖河道，導太湖西北之水入揚子江。

談到治水，仲淹應該是有經驗的，天聖初他在泰州監西溪鹽倉時，就直接參與並主持過泰州捍海治水。

泰州屬縣在海陵、興化之間，本來是一片肥沃富庶之地，「春耕秋獲，笑歌滿野，民多富實，往往重門擊柝，擬於公府。」尋常百姓家的住宅也往往爲高門大戶，如官府公堂，其富庶程度，可見一斑。但由於海堤多年失修，傾頹坍塌，秋雨之時，海潮侵入陸地，到仲淹在泰州時，農田已經嚴重鹽碱化，以至五穀不生，百姓逃荒遠走異鄉者達三千多戶。

仲淹向朝廷建議修復海堤，治理鹽碱。但有人以爲修復海堤雖可擋住海潮，但秋潦積水卻無處排洩，因而反對仲淹的提議。仲淹據理力爭，認爲「濤之患十之九，潦之患十之一」，因而利多弊少，大有可爲。當時張綸爲江淮轉運使，他於治水也是一個行家，他支持仲淹，並上奏朝廷以仲淹爲興化令，負責修築海堤的工程。海堤修築工程實在也是不大順利，開工不久就遇到一場罕見的風暴，海上波濤洶湧，拍岸動地，兵工驚慌失措，且有傷亡。仲淹日夜留在工地現場督工，指導工程。與他在一起的還有後來貶謫巴陵，重修岳陽樓的滕宗諒。宗諒是仲淹同榜進士，也是終生好友，此時爲泰州節度推官。後來仲淹爲宗諒作墓誌時也回憶到這一段經歷：「與予同護海堰之役，遇大風至，兵民驚逸，吏皆倉皇不能止。君獨神色不變，緩談其利害，衆意乃定。」

蘇州治水

要實實在在做點事情，也實在是難。

比如泰州治水時遇到的那一場大風，就給了那些反對修築海堤的人以口實，他們製造「堰不可復」的輿論，朝廷也開始動搖，派時任淮南轉運使的胡令儀到泰州向仲淹面詢。好在胡令儀曾「為海陵宰」，對此地情況非常熟悉，全力支持了仲淹，終於修成了長數百里的捍海堤。海堤修成之後，田地鹽鹼得到有效控制和治理，逃荒在外的海陵百姓逐漸遷回達兩千六百多戶。司馬光《涑水記聞》卷十說：海堤既成，「民至於今享其利。興化之民，往往以范姓。」

蘇州治水也像泰州築堰，受到來自多方面的干擾。仲淹細緻勘察做出來的計劃，遭到許多人的反對。反對者或以為揚子江水已高出松江一帶湖、河水位，無法接納這些水流；或以為海上每日都有潮水回湧，蘇州地面的水無法下導；或以為潮送沙至，數年壅塞，開河洩洪已非人力所能支；或以為開河挖渠，工程浩大，勞民傷財；甚至有人乾脆就認為蘇州「陂澤之田，動成渺彌，導川無益。」連仲淹也心生感慨：「今之世，有所興作，橫議先至，非朝廷主之，則無功而有毀，守上之人恐無建事之意矣。」

「有所興作，橫議先至」，這該是仲淹不止於蘇州治水一事所有的感受。從乾興元年開始上書言事，到這個時候，十數年間，哪次不是稍有「興作」橫議便起呢？不過仲淹似乎也從來沒有太在乎過那些大大小小的「橫議」，這次蘇州治水也是如此。針對已有的「橫議」他不僅上書相府，力陳蘇州治水的重要和緊迫，而且直接上書重新回到朝廷執政的呂夷簡，對於反對治水的的各種議論一一據理駁斥，並希望他能「有憂天下之心，爲亦留意於此」，給予支持。

仲淹之「不以一身之戚，而忘天下之憂」，眞正是進亦不忘，退亦不忘了。其實，要說數度言事遭貶，在仲淹心中沒有留下一點點的創痛或波瀾，似乎也不是事實。他在給呂夷簡的信中就談及自己一「連蹇之人」，本來已經「常欲省事」，這應該是他於連遭挫折之後自然而眞實的想法。但對於他來說，要想「省事」又實在是太難太難，等到一看到百姓身處災患，他也就不忍「自安」了。不僅主觀上不願「省事」，而且還自己「找事」。事實是，仲淹不僅親自籌劃了蘇州治水事宜，而且冬寒料峭，他還常常住在海邊治水工地，親自部署和指導開河工程。大水過後，「北闕雲霓遠，南園桔柚荒」的災後景象，也仍然是他縈之於心，揮之不去的憂思。這豈是一個眞的「常欲省事」的「連蹇之人」所能爲！

確實，如仲淹之憂於國、民，不計於祿位者，憂之已成至性，即使淪於草澤，又哪裏眞的能忘得了這銘之於心的天下之憂？

弗鉗口以安身

這也是如仲淹這樣一位一生求與天下同其安樂的至誠君子的天性。

景祐四年十二月仲淹自饒州徙知潤州，即今江蘇鎮江。饒州的麗山秀水，如鄱陽之朝暉夕陰，廬山之飛瀑流泉，乃至白雪浮雲、早梅秋菊，也如桐廬之岩邊水涯，令仲淹留戀。據《言行拾遺事錄》，仲淹守饒州，曾修一館舍名慶朔堂。慶朔堂修成不久，仲淹便移之潤州，他的一首《懷慶朔堂》詩就說道：「慶朔堂前花自栽，便移官去未曾開。年年憶著成離恨，只托春風管勾來。」寄身官場，身不由己，深切的懷念，也祇能托於春風了。

潤州是一個大州，後來改爲鎭江府。仲淹得以自饒州移知此州，也是因爲當時還在朝廷的韓琦、葉淸臣、蘇舜卿等人的據理力爭。景祐四年，河東路及汴京地區連連發生地震，韓琦等人紛紛上書，以爲這是因爲朝廷人事不修，錯責了仲淹等人，葉淸臣甚至向仁宗直言，說仲淹等人祇因向皇上提了一點不同意見便被目爲朋黨，遭到貶謫，天下人不敢講話已經兩年了。皇帝應該爲此而「深自咎責，詳延忠直敢言之士，庶幾明威降鑒，而善應來集。」在這種情況下，仁宗才詔命近移仲淹知潤州。仲淹移知潤州時，誣陷他的人怕他被再度啓用，又向仁宗進讒言，「語入，帝怒，亟命置之嶺南」。幸而有參知政事程琳爲他辯誣才得免。《續資治通鑒》卷四十一載：「自仲淹貶而朋黨之論起，朝士牽連而出，語及仲淹者皆指爲黨人；琳獨爲帝開說，帝意解乃已。」

潤州有茅山，爲道教聖地。仲淹寶元元年二月到潤州，還沒有接手公事便先謁茅山，且賦詩《移丹陽郡先謁茅山》：

丹陽太守意如何，先謁茅卿始下車。
展節事君三黜後，收心奉道五旬初。
偶尋靈草逢芝圃，欲叩真關借玉書。
不更從人問通塞，天教吏隱接山居。

寶元元年，仲淹已是五十初度。「展節事君」卻三遭貶黜，如今年已半百也算一事無成，至少離自己想成就的那一番功業距離太遠太遠，心中難免不生出幾分難言的悲涼。但仲淹說自己從此要「收心奉道」，叩借玉書，「不更從人問通塞，」實際上也不過是一時興至，隨口說說而已。事實是叩謁過茅山之後，「下車」不久，便有《潤州謝上表》。謝表中他又一次宣示自己「徒竭誠而報國，弗鉗口以安身」的心志。謝表中他甚至不無悲哀地說到自己一心為國，忠直進言，卻被「削天閣之班資，奪神州之寄任」，再貶遠方以至「重江險惡，盡室顛危」。但儘管如此，仲淹仍然是雖「人皆為之寒心」，自己卻可以「獨安於苦節」。在他的心中，「蕭望之口陳災異，蓋無負於本朝，公子牟身處江湖，徒不忘於魏闕。」對於他自己來說，則更是「未知死處，敢忘生還」了。

這一番內心的宣示絕對是仲淹的心聲。一個明證就是在這一個謝表中他還同時向仁宗建議不能大權旁落。他對仁宗說：「前代國家，或進退群臣，聽決大事，若出於君上，則中外無朋黨，左右為腹心；若委決於臣下，則威福集於私門，禍釁積於王室。故三桓興而魯弊，六卿作而晉分。往古興亡，鮮莫由此。」

因此，他希望仁宗對大臣進退之類有關朝政執宰的事宜躬親無倦，「總挈網柄，博延俊髦」。以使「人心不在於權門，時論盡歸於公道。朝廷惟一，宗廟乃長。」

用我們今天的眼光來看，禍釁是否會積於王室，乃至一朝一代之興亡更替，大約也並不全在於進退群臣、聽決大事是否都出於君上，或盡都委決於臣下。往大處看，一朝一代興廢成毀之間的因循輪轉，自有其歷史發展的規律，常常並不是人事所能力挽。比如明亡之季的崇禎朱由檢於朝政應該算是躬親勤謹了。但最終也挽救不了明代的滅亡，自己也祇能落得自謚於景山下那棵刺槐側枝之上的悲劇下場。許多時候，一朝一代衰亡之際君主大權旁落，其實是一種已經衰亡的表現形式，或者祇能被看作是一種加速其衰亡的因素。往小裏看，即使往古興亡確實都與君主大權是否旁落有關，皇帝躬親朝政「總挈網柄」是否能眞正保宗廟長久，也要看這位皇帝是不是眞有長保宗廟的能力。假若他本來就是一個愚不可及的低能兒呢？低能兒作國君的情況在中國歷史上也不是沒有。比如晉惠帝司馬衷，在位時天下大亂，民不聊生，百姓餓死無數。朝臣上奏，告訴他饑民遍野，都沒有飯吃，他卻反問道「爲什麼不吃肉末稀飯？」天生愚呆至此，以至全然不曉人事，就是他躬親朝政，又有何益？還不如大權旁落於一個或一群有能力的大臣手中來得實在。

以大道爲本的獨立不倚

不過，仲淹這裏以古爲鑒，所憂所慮也不是一點道理沒有。封建時代本來就是專制政治，從歷史上看，正常情況下，國事的正邪，朝綱的理亂，確實與當國爲君者是否能躬親勤政，果決而又穩妥地執掌朝政有關。私門豪強，大權旁落，一個直接後果往往就是國事日衰，天下大亂。

比如春秋後期魯、晉之衰，某種程度上說，也就是衰在國事大權盡都委決於公卿私門。魯哀公時，魯國有孟孫氏、叔孫氏、季孫氏三大望族。此三族爲魯桓公三個兒子仲慶父、叔牙、季友的後代，故史稱「三桓」。三桓本來即爲魯國貴族，加之勢力強大，足以左右魯國政務，魯國議決國事的大權於哀公時實際已經落入他們之手。例如季孫肥即季康子，甚至可以自行謀劃吞併魯國的附屬小國顓臾，以擴張自己的勢力，當時在季氏那裏作幕僚的孔子學生冉有、季路將季氏吞併顓臾的計劃告訴孔子，還引來孔子的一番抨擊。三桓把持政務，自行擴張，魯國也從此一衰而不起。

晉國情況也大體如此。當時晉國有范氏、中行氏、知氏、韓氏、趙氏、魏氏六家為卿。六卿自行處決晉國朝政，在自己的封地實行改革，圖謀富強。雖然他們自行採取的一些圖強措施如改革田畝制和稅制，在當時應該說是極有成效也還有富民的意義，但晉國卻也因六卿的實力不斷加強且執掌大權，以至於自身朝夕不保，終而至於在春秋末年為韓、趙、魏三家瓜分，史稱「三晉」，也即為戰國時的韓、趙、魏三國。

其實，這裏引起我們注意的，並不在於仲淹關於古往興亡是否與君主「總挈朝綱」有必然聯繫的見解，對於歷史的演進，特別是具體到一朝一代的興亡，理據不一，自然會有見仁見智的不同。這裏更能引起注意的，是仲淹在這份謝表中仍然直言仁宗要躬親近臣進退這件事本身。他的這番話，其實也就是他在大約兩年前向仁宗上《百官圖》時當面對仁宗說過的話。一年多以前，也就是因為他直言指責宰相呂夷簡「收恩避怨」，進言仁宗「進退近臣，凡超格者，不宜全委之宰相」，才被以越職言事，離間君臣的罪名，貶出京師，以至三出專城，盡室江行。如今已經是曾經滄海，而且此時本身也是仍在貶放之中，照說總該吸取一點教訓，至少應該知道變換一下說法，盡量說得委婉一點的。但他還是如此這般言而無隱，眞正是一片苦心，一片痴誠，可見也確實是出以至性而至於「死不改悔」了。

這也大概就是我們常說的至性之人的率性任意。至性之人，大都有獨立不倚，放言不拘的「毛病」，他們不看人臉色，不仰人鼻息，不屑於虛飾委蛇，更不屑於巧言令色，敢作敢爲，我行我素，而且無論窮通順逆，都是終始如一——至性之人，以大道爲本，進退惟道，別無思慮，「毛病」一旦養成，自然是改也難了。

邊關功業

無論如何，一個國家總是缺少不了那些爲國爲民能竭誠盡忠的賢能之士的。無論這些求與道合而不一味求與君合的至性君子，是怎樣地讓那些當國爲政者不自在，急難之時，能夠當起方面重任的仍然是他們，也確實是少不了他們。

薦爲邊帥

康定元年（一〇四〇年）三月，仲淹復天章閣待制北調，知永興軍。仲淹這次調任，一是因爲宋與西夏之間關係日趨緊張，二來也是由於當時任陝西安撫使的韓琦的極力保薦。

當時的西夏屬黨項族，所占疆域包括現寧夏全部、甘肅大部、陝西北部及青海、內蒙的部分地區，大體處在宋、遼之間。宋立國之後，夏本已向宋稱臣，其主李繼捧也入朝受封，被賜爲趙姓。但西夏內部也不乏紛爭，李繼捧的弟弟李繼遷向遼國稱臣，遼封其爲西夏王。眞宗時，繼遷開始進攻北宋，到景德元年（一〇〇四年）澶淵之盟後，繼遷死了，其子德明繼位，才又與宋媾和。天聖九年（一〇三一年），德明之子元昊繼位。到這個時候，已經歷了近二十年的和平，西夏軍事、經濟力量也得以增強。寶元元年，元昊立夏國，自稱「大夏皇帝」，定都興慶府（今寧夏銀川）。康定元年正月，西夏以十萬之衆進攻延州（今陝西延安）。

眞的不幸爲仲淹早年《上執政書》時所言中，天下太平日久，武備不修，邊防弛廢，將帥乏人。事實上，此時的延州幾乎完全沒有守備，而且不多的軍事力量也戰鬥力極弱。當時是范雍以振武軍節度使鎮守延州。范雍有言邊事詩，詩中也說：「承平廢邊事，備預久已‧」。萬卒不知戰，兩城皆復隍。」這裏的「兩城」指延州西北的保安（今陝西志丹）、金明兩處邊城。元昊進攻延州，首先攻占保安，順勢東進攻占金明，金明守將李世彬被俘。元昊兵進攻金明時，大將劉平率兵出慶州，石元孫出延州馳援，在延州西北的三川口遭到伏擊，以至全軍覆沒。劉平被俘，絕食而死。其後，延州被元昊軍圍困七天，這時城內祇有數百守軍。只因一場大雪，奇寒天降，元昊兵撤走，延州才得以「城當陷而存，民將殞而生」。

北宋自立國而至眞、仁兩朝，已現積貧累弱之象，由此可見一斑。而且，當時的戍邊軍事指揮機制也成問題。北宋設樞密院和中書省，並稱「二府」，由樞密院主管軍務，由中書執掌政務，政務與軍務嚴重脫節。同時，宋初以來，皇帝嚴格控制用兵之權，每有戰事需要出征，都是皇帝「以陣圖授諸將」，且實行內延監軍制度，將帥可便宜處之的餘地很小。直到康定元年晏殊、宋綬等入主樞密院，晏殊、富弼等「請令宰相兼領樞密院」，要求仁宗允許參知政事與樞密使同議邊事，並廢除內延監軍制度，情況才有所改觀。

三川口敗後，范雍被降官他調，仲淹受命於危難。

仲淹北調，實際上在朝廷也引起爭議。時任陝西安撫使的韓琦首先向朝廷推薦范仲淹。本來朝廷擬議派趙振接替范雍，而在韓琦看來，趙振決不是戍邊之才。他認爲朝廷應該留范雍在延州，因爲他在延州很得百姓擁護，且操心邊事也是盡心竭力的，留下他可以安定民心。如果朝廷一定要調走范雍，就應該考慮重新啓用范仲淹。仲淹以朋黨之災貶知外任，這個時候極力推薦他擔以重任，實在是需要一點勇氣的。韓琦不愧爲輔三帝、定亂略、「識量英偉」、殺伐決斷的一代名相。他在向仁宗推薦仲淹的上書中明確聲明，自己舉薦仲淹，憂在國家，決無私情。而且，此一薦舉「若涉朋比，誤陛下事。當族」。眞的是以身家性命擔保了。

仲淹自然不辱此薦。

將軍白髮征夫淚

接到北調知永興軍的詔令，仲淹即啓程北上，還在途中，又改命爲陝西都轉運使。五月，呂夷簡重歸宰執，他認爲仲淹已被人用，不能僅僅祇是恢復天章閣待制，於是仲淹得以由天章閣待制進龍圖閣直學士，並與韓琦同時被任命爲陝西經略安撫副使，同理都部署司，共同主持北部邊境軍事事務。仲淹一到任就開始爲修邊事延攬人才。他連續上疏奏請朝廷，將田況、胡瑗、歐陽修、張方平等延至經略安撫司，以田況爲判官，胡瑗爲句當公事，歐陽修、張方平爲掌書記。這都是一些有才識而深得仲淹信任的人，比如張方平、蔡齊就視其爲天下奇才。這四人中，除歐陽修外，都接受了仲淹延請赴邊到任，據《續資治通鑑》，歐陽修當時爲武成軍節度判官，接仲淹延請時，他「以親爲辭」，並致書仲淹，書云：

「今豪傑之士，往往已蒙收擇，尚慮山林草莽有挺特知義慷慨之士，未得出門下也，宜少思焉！」

陝西經略安撫司設在長安，仲淹到任不久，就親自赴延州視察，走遍了延州所轄數百里邊境線上的寨、堡、城、鎮等軍事據點，希望能夠「深見邊事」，找到堅固邊關的良策。

目之所見，實在是不容樂觀。一番戰事過後，仲淹所看到的是一片原野蕭條，城壘頹毀的慘像。金明以北百里之間，原有寨堡，悉數蕩去，全部爲西夏占領，人們都不敢往那邊去了。所存堡寨，也是滿目破敗，守邊兵士駐紮城中，連遮風避雨的窩棚都沒有，「人馬暴露，時苦寒凜」，而且「庫緡空虛」，根本就談不到城堡、營房的營建。更嚴重的是，將帥無謀也無主動性，兵卒缺乏訓練，戰事在即，也祇能坐困糧道，除了要求增兵，別無建樹。走過整個邊境，仲淹的感受是：「守御之術，寂寥無聞。」

仲淹此番邊境視察，其辛苦程度應該是可想而知的。延州多於山嶺之間隨川取路，「暑雨之期，湍走大石，秋冬之流，屈曲如繞，一夕之程，渡涉十數」，道路十分難走，而仲淹到延州時也正是秋雨連綿的季節。康定元年，仲淹已是五十二歲的人了。以五十二歲漸入老境之身，於披霜沐雨中爬山涉水，所承受的辛苦疲累，自然是不問可知。仲淹在給時任樞密使的晏殊的信中說自己在延州「奔走道途，疲困已甚」，這當是他實實在在感覺。事實上還不僅僅是奔走道途的辛苦，在奔走之中他還要處理許多的日常公事，「應答文移」，以至常常「中夕不寐」。

不過，仲淹感之於懷，縈之於胸，憂之於心的，並不是自己必須經受的這些辛苦疲累。對於他來說，爲國分憂不計得失，甘受趨馳躬親劬勞，本來就成爲一種進退無忘的天性，何況在身經貶放，久居外任，無所建樹以至於漸趨老境已心生退隱之念的時候，被委以如此重任。在仲淹心中，於上這是「朝廷過聽，越次寄任」，於己則是望外之喜——終於又有了一個可以實實在在爲國爲民盡力盡責的機會。不用說，無論以哪方面看，仲淹都會是不避勞苦，「拳拳重負」，夙夜切切的。邊境之行，使仲淹憂心如割憂慮日重的，是邊備不修，百廢待舉的破敗與荒涼。面對邊關秋霜孤城，他的心情應該是憂痛而且蒼涼的。如此心情，我們在他那闋可譽之爲絕唱的《絕家傲》詞中可以淸晰地感受到：

塞上秋來風景異，衡陽雁去無消息。

四面邊聲連塞起，千嶂裏，寒煙落日孤城閉。

濁酒一杯家萬里，燕然未勒歸無計。

羌管悠悠霜滿地，人不寐，將軍白髮征夫淚。

獨立城頭，於塞上秋風中望寒煙落日，送衡陽雁去，聽羌管悠悠，伴四面邊聲思燕然未勒，白髮蒼蒼的將軍在夜不成寐之時，是不是也和那些離家萬里，戎馬邊關的征夫一樣潸然淚下呢？仲淹在給晏殊的信中說自己至延安，入金明，目之所見，「秋霖弗止，禾穗未收，斯民之心，在憂如割」。百姓疾苦，邊關情事，憂之在心，如焚如割，怎能不讓將軍夜不成寐，鬢添新白？

延州邊事的急迫，促使仲淹向朝廷提出要求，將自己派往延州，並兼領延州州事。

所宜盡瘁，敢昧請行

仲淹請知延州，客觀上說，也有不得不為的原因。

當時的延州知州是張存。張存本以龍圖閣直學士為陝西都轉運使，調知延州。接到朝廷將他調知延州的命令時，他就延宕了一段時間不肯到任。後來到任了，又屢次上書朝廷，以自己有八十歲老母在堂需要侍養和不懂邊事軍務為理由，請求免去軍馬之務，內調他郡。後來他甚至連邊將請示軍務也不再接待了。

延州為邊關重鎮，也是遮蔽河中以及東、西京的門戶，關係一方安寧和京畿安全。在這種情況下，仲淹以急遞請求朝廷另外調人領知延州。他本來向朝廷推薦段少連。段少連當時以龍圖閣直學士知廣州。仲淹、孔道輔諫止仁宗廢后時，他也是參與者之一。仲淹對他評價極高，說他「臨事無大小，無難易，決發如流。明而不苟，和而不隨」，是一個「朝端正色，天下公聲」的人，「可任邊要」。後來朝廷以他為龍圖閣直學士知涇州，可惜沒有到任就病逝了，死時僅四十六歲。仲淹考慮自己的推薦有可能在朝廷引起爭議，在給朝廷的急遞中他也明確表示，朝廷「如僉議未諧，則某不敢避」。

要說這人跟人眞的就是不一樣。張存說自己不懂軍務，因爲不肯到職，到職以後又屢請內調。其實仲淹又何嘗不是一介儒生，又哪裏懂軍務呢？這一點仲淹也是有自知之明的。後來他因爲與元昊自爲外交而獲罪，貶知耀州，在《耀州謝上表》中仲淹回顧這一段經歷，就說到自己「運偶文明，世專儒素」，既從來沒有學過孫吳兵法，也沒有涉足過前代爭戰故實，而朝廷因「西陲搔動」，起用自己，他也是「自知甚明」，知道自己是難堪其任的。但仲淹卻自請調知邊城，且自己要求兼領州事。因國家急難，不敢不行。在給晏殊的信中，仲淹也說自己請知延州，「儒生之算，豈能決成」，只是「一方之憂未有當者，此夙夜切切不得已也。」他在自己的請求得到朝廷批准後給朝廷的謝表中也說到：「臣職貳統戎，志在殄寇，所宜盡瘁，敢昧請行。自薦老成，固慚於漢將；誓平此賊，詎擬於唐賢。」

人常說急難見眞性，此言極是！仲淹應該是知道這種自請可能會出現什麼樣的後果的。別的不說，一旦事關緊急，措置不當，釀成禍敗，即使不身歿邊關，朝廷治起罪來，也絕對不輕。但在仲淹心中，邊事之人，事關國家安危，這無論如何都要比個人自身的功名榮辱重要多多。為了國家，自身的考慮也祇好拋開了。

這裏其實顯示著一種精神，一種我們可以稱之為民族脊梁的精神。看看中華民族從遠古走到今天的足跡，應該說，每一座能讓我們後人衷心景仰的豐碑上，都無一例外地凝聚著這種精神，這鐫塑有一個個敢以鐵肩擔天下安危的仁人志士的身形面影——如孔子，如孟軻，如屈原，如范仲淹，……以及近、現代中國革命史上那一代代為中華崛起而前赴後繼不惜拋頭灑血的英烈。從他們所能成就或者實際成就的事業來看，他們之中也許並不都如他們自己所希望的那樣眞能以一身之存而安定天下。如孔、孟甚至出將入相如仲淹者，一生所求，實際上都是成少敗多。事實上，一個人想做什麼和實際能做什麼以及他可能做成什麼，這之間總是存在著很大距離的，這裏還有一個自己想做而時代是否提供了條件允許你去做的問題。許多時候，許多事情常常並不能由自己作主。但是，無論如何，這種以天下為己任，憂患之中危難之時敢捨身爭先的精神，則終歸是一個多難的民族能夠歷萬劫而不沒，挺然不拔，卓然屹立，自強不息的內在支撐。

「小范老子」不比「大范老子」可欺

仲淹正是憑了這種精神自請行邊，成就了也許是他一生僅有的一樁眞正成就的功業。

仲淹說自己未嘗研習孫吳兵法，不懂軍事，大約不是謙詞，但他治軍治邊卻是有著自己依實際察考之後籌擬的良策的。朝廷批准他移知延州的請求，到任伊始，他首先就抓緊邊軍整訓。當時延州守軍一萬八千人，分屬部署、鈐轄、都監帶領。部署官職最高，領一萬兵馬，其餘依次鈐轄五千，都監三千。沒有專人負責兵卒的訓練，各部之間也沒有一個統一的指揮，每有敵來，都是職卑者付以懦兵逼逐先出，而位高者各擅精兵逗留不進，因而屢遭挫敗——不問敵兵多寡，弱兵先出，精兵不動，豈有不敗之理！

仲淹以爲這正是邊兵不力的關鍵所在。他將這一萬八千兵馬分爲六將，每將三千人，選路分都監、駐泊都監六人，分領六將兵馬，又選使臣指揮使十二人分別隸屬六將，專門執掌兵馬教習，主持訓練。同時，在每一指揮（營）中選少壯勇健者二十五人（北宋軍制，每一指揮滿額爲五百人），先教習以弓弩短兵，技精之後補爲教頭，每人領教十人，分批訓練本指揮兵馬，一季之後，延州守軍盡成精兵。宋人徐度《卻掃編》卷上記，延州守軍不僅練成精兵，也改變了以前的出戰方式，「遇有寇警，少則路分都監將所部先出，多則鈐轄都監領兩將或三將以出。更出迭入，約束既定，總領不貳，勞逸又鈞，人樂爲用。邊備浸修，寇不敢犯矣。其後諸路皆用此制。熙寧將法蓋本范公之遺意也。」

在精兵的同時，仲淹也嚴整軍紀。《范文正公集》附年譜載，康定元年十一月初一，仲淹巡邊至延州，遇巡檢李惟希屬下兵士王義等四人借故鬧事煽惑軍心，仲淹立即命令將四人拘至司理院，親自審斷，將四人押至葛懷敏軍前腰斬。當月，又有鄜州曹司馬勛、張式、黃貴三人減克兵士糧餉，被檢舉出來報至仲淹處，仲淹的毫不留情通牒鄜州，將三人綁至軍前斬首。仲淹的理由很簡單，正當用兵之際，本來兵士生活就是極爲艱苦，甚至因無法忍受飢寒而逃亡，如果還要克減兵士糧餉，還怎麼談得到讓將士們征戰戍邊？另外，在戰鬥中也有奪人之續，冒功邀賞者。康定十一月，虎翼軍第九指揮王瓊，奪長行於興斬殺的元昊兵人頭，寫上自己的名字上報，並以此宣轉得充正指揮使。於興心中不平，向上申告，仲淹拘王瓊問訖招狀。仲淹裁斷：「奪戎士死戰之功，誤朝廷重賞之意。其王瓊及軍員等處斬。」

其實，仲淹也並不是一個祇知誅殺而無寬宥之心的人，慶曆三年，仲淹與富弼同爲宰輔，仲淹爲參知政事，富弼爲樞密副使，時王倫在沂州（今山東臨沂）起義，義軍主要由士兵和饑民組成。起義初起，義軍自沂州南下，跨州過縣，縱橫數千里，所到之處，地方官吏有的望風而逃，有的開門納接。起義平息之後，這些官吏自然是要辦罪的。當時高郵知軍晁仲約開城放義軍進城，且讓城中富戶出錢物送給義軍。情況報到朝廷，仲淹與富弼同時面見仁宗，富弼對仁宗說：「身爲守臣，不戰不守，反而饋其金帛財物，高郵人對之切齒，人欲食其肉，當辦死罪。」而仲淹卻認爲高郵既無城郭，也無甲兵，不戰不守，事有可恕。百姓出些錢財，保護地方不受劫掠，大約也是自願的，說人欲食其肉，可能是傳聞失實，因而宜薄其罪。仁宗接受了仲淹的意見，富弼十分氣憤，罷朝至政事堂，他對仲淹說：「六丈是要作佛了嗎？」仲淹笑著回答說：「人何用作佛？是我的話有道理。再則皇上正值盛年，我們豈可教他殺人？如果殺順了手，連我你的頭都會不保啊。祖宗以來，還沒有輕易殺過僚屬呢。」據仲淹《年譜》，富弼當時認爲，治國理政，患在法不張舉，而仲淹「舉法而多方沮之，何以整衆？」因而對仲淹的一番話「終不以爲然」。但其後不久，慶曆四年由於讒言「兩人不安於朝，相繼出使」，仲淹宣撫河東，富弼宣撫河北，到富弼自河北返回朝廷，「及國門不許人，未測上意。」富弼當夜「彷徨不能寐，繞床嘆曰：『范六丈，聖人也！』」

這大約也可以叫做此一時，彼一時吧。仲淹認爲那些不拒義軍的地方官吏不可從嚴治罪，自然有它更深一層的理由。朝廷平日以爲四方太平無事而不肯爲郡縣設備，地方官吏有敢操縱守備軍士，檢閱兵卒者，還要以狂妄治罪，而一旦有事，卻不自引咎責，反「專以死責外臣，誠有愧於青史也！」從另一個角度看，治天下當出之以寬仁，振軍威必行之以嚴峻，這應該也是理政與治軍兩者道之不同而法必有異。不管怎麼說，仲淹坐守延州，使延州邊關局勢有了很大改觀，西夏兵再也不能小覷延州守軍了。夏人把知州稱爲「老子」，他們用「大范老子」和「小范老子」分別指稱范雍和仲淹，說是小范老子「腹中有數萬甲兵，不比大范老子可欺。」

淸澗城之守與好水川之敗

清澗城是延安東北二百里處唐寬州故地，是一處於延州乃至整個西北邊關防務具有重要意義的戰略要地。仲淹主持延州防務時，派種世衡重修此城。好水川當時則在西夏境內，韓琦慶曆元年二月主持向西夏進兵，兵敗於此。

清澗城的修建和好水川兵敗，從某種意義上說，正好體現出仲淹與韓琦在戍邊初期不同的戰略構想，和由此帶來的兩種不同後果。

嚴戒邊城與主動進兵

仲淹鎮守邊關，礪精兵，振軍威，所慮所圖，並不在於成一戰之勝，而是要使邊關長安久固。事實上，一到延州，他就開始考慮這個問題，且到延州不久，就向朝廷提出了安邊以實關中的治邊方略。他認爲從現有國家防衛狀況來看，邊關城砦之備祇有五七分，而關中之備甚至二三分都不到。如果「昊賊深入，乘關中之虛，或東阻潼關，隔兩川貢獻，則朝廷不得安枕矣。」而且由於天下承平日久，也無可深入西夏境內施以討剿的宿將精兵，因此，朝廷當務之急不在於進兵征討西夏，而是一方面加強邊關防衛，「嚴戒邊城，使持久可守」。另一方面則是加強關中守備，使寇兵無虛可乘。這樣，「若寇至，使邊城清野，不與大戰」，而關中堅實，敵不敢深入，「既不得大戰，又不能深入，二三年間，彼自困弱，此爲上策。」

這是仲淹在分析敵我雙方力量之後，經過深思熟慮提出的，而且，後來的事實也證明，這也的確是上策。

爲實現自己的治邊方略，在精兵的同時，仲淹也開始了邊關城砦的修復和重建。康定元年一戰過後，邊關幾十座城砦除延安外盡皆被毀。仲淹派延州都監周美負責修復距延安四十里的金明寨，派鄜州從事種世衡負責修築延安東北二百里處的清澗城。周美是邊關少有的幾個能打勝使的武將之一，「諳練邊情及有勇武」，且善於與少數民族交往，戍邊期間，與羌族部落居處融洽，「招種落內附者十一族」。種世衡則更是仲淹十分信任的邊關名將。他被仲淹列入「邊上得力材武將佐等第」第一等，所加考語爲：「足機略，善撫馭，得蕃漢人情。」清澗城爲唐寬州舊址，「右可固延安之勢，左可致河東之粟，北可圖銀、夏之舊。」戰略地位十分重要。因這裏沒有地上水，所以長期廢棄，已成一片廢墟。同時，這裡逼近元昊部落，常常受到攻擊，祇能「且戰且城」，修建工程應該是極其艱難的。种世衡與兵民一同苦戰，鑿地一二百尺取地下水，使築城工程得以順利進行。清澗城修築完成，种世衡被任命爲知城事。

金明、清澗重建之後，承平等幾十座城砦也相繼修復和重建。自此，仲淹經略的鄜延一路邊境防務也初具規模。

不過，仲淹提出的「嚴戒邊城，使持久可守」的邊備之策，在朝廷並不得取得一致的同意。康定元年五月以後，邊關局勢也有了新的變化。五月，西夏兵相繼攻占塞門寨、安遠寨，八月攻金明寨受挫，九月轉攻屬涇原路的三川寨，鎮戎軍西路都巡檢使楊保吉戰死。其後，後師子、定川、乾河、乾溝等也相繼陷落，涇原路局勢趨於緊張。

仁宗決定向西夏用兵，以求通過主動征討來緩解進而平定西北邊患。在此之前，朝廷曾派人至永興軍詢商邊事，陝西經略安撫使夏竦及經略安撫司判官田京都以爲兵將未及「習練」，不應冒然深入賊地，爭一日之勝。對夏作戰，應以防禦爲主。朝廷之中如樞密副使杜衍以及時任館閣校勘的歐陽修等也以爲準備不足，國力有限，應以防禦爲主，不能冒然出戰，以僥倖求勝。

這都是與仲淹的見解大體一致的。仲淹在得知朝廷決定進兵西夏時，有一份上達仁宗的《論不可乘盛怒進兵奏》，在這份奏折中，他直言道：「孫子曰，主不可以怒而興兵，將不可以慍而致勝。合於利而動，不合於利而止。故明主謹之，良將警之，安國之道也。……若盛怒進兵，爲小利所誘，勞敝我師，則其落賊策中，患有不測，或更差失，憂豈不大？」

但朝廷仍然決定於慶曆元年（一〇四一年）正月進兵西夏，命令開封府、京東路、京西路、河東路調集驢、騾，向陝西運送軍需糧草。邊將中韓琦、尹洙是主張進兵西夏的。韓琦以爲，西夏即使傾國爲寇，衆數亦不過四、五萬。宋兵若各路重兵分軍自守，自然勢分力弱，遇敵不支。但如果數路齊出，鼓行並進，乘賊驕惰，攻之必破。他在給仁宗的上書中說：「以二十萬重兵，惴然坐守界壕，不敢與虜確，臣實痛之！」韓琦的上書也幫助仁宗下了進兵西夏的決心。

好水川之敗

韓琦當時正是三十出頭的盛年，大約也是少壯勇武，血氣方剛，一腔豪氣，這個時候也確實是有些恃於氣而少於慮。但戰場不是兒戲，也並不是僅僅靠了一腔豪氣便能克敵致勝。孟子講天時、地利、人和，是說做任何事情，要想獲得成功，都需要一定的條件，需要把握最好的時機，佔據有利的地理，還要有智勇俱佳的人來做這件事。兩軍交戰，要戰之能勝，也需要有這些條件。換句話說，祇有在正確的時間、正確的地點、有能征善戰的將士，才有可能打勝一場戰爭。

實際上，當時的北宋，正如仲淹所看到的那樣，幾乎是一個條件都不具備。時間正是正二月間，也正是西北朔風如刀，天寒地凍而不利於進兵的時候。深入西夏境內尋敵作戰，自然是人地兩生，不佔地利。而此時邊軍實際也是將帥乏人，兵未精練。在這種情況下冒然出兵，後果可想可知。

慶曆元年二月，夏兵進攻懷遠（今寧夏固原西），韓琦正巡邊至高平（固原北）。他以任福爲統帥，桑懌爲先鋒，武英、朱觀爲後繼，帶領各自所率兵馬及所募敢勇一萬八千合兵西進，準備繞到敵後設伏，以待夏軍回師時圍殲其主力。任福因與小股夏軍交戰獲勝而輕敵，與桑懌緊追夏軍至好水川，朱觀、武英也跟進至龍落川，相距不過五里之遙，約定第二年合力進攻，不想其實已經陷入夏軍重重包圍之中。其後三天，當他們因尋找夏軍主力不得，而自己已經糧草不繼，人困馬乏之時，夏軍開始合圍，任福、桑懌在籠竿城一帶力戰而死，武英及渭州都監趙津也陣亡於姚家川。只有朱觀率餘衆守民垣，因夏軍主動撤兵而得以生還。

說起來，這些力戰而死的邊將也確實不可不謂之敢勇之士。比如在這一場戰鬥中，當元昊兵切斷宋軍退路施以圍殲時，宋軍無一人棄甲投降。任福在戰鬥中身中十餘箭，仍力戰不退，小校勸他退下，他說：『吾為大將，軍敗，以死報國耳！』揮四刃鐵簡，挺身決鬥，最後被元昊軍刺中面頰，「決喉而死」，他的兒子也在這一戰中死去。據《續資治通鑑》，時參軍事耿傅也隨涇原都監武英出戰。耿傅本為一文吏。好水川被圍之後，武英知道此戰必敗，勸耿傅避去，耿傅不答應，武英嘆息說：「你一文吏，本無軍責，何苦同我們一同戰死？」當時朱觀也告誡他「少避賊鋒」，而「傅愈前不顧，身被數槍，乃殞」。儘管這些將士如此勇敢，但終歸還是敗於疆場了，可見勝敗之道，實在不是勇、氣所能決定。

《孫子兵法》上說：「主不可以怒而興兵，將不可以慍而致戰。合於利而動，不合於利而止。」是說將帥用兵，不當任一時之氣以慍怒興師，而是要準確判斷敵我雙方的力量對比和利弊條件，然後方可決定興息進止。激於怒慍必惑於明斷，平時都會想到的問題，這個時候就都糊塗了。怒慍之中判斷失誤，興師動兵，不知進止，到頭來損兵折將，吃虧的還是自己。等明白過來，大錯已經鑄成，也只有後悔的份了。而且，事實上戰場上是容不得後悔的，因爲這後悔的背後，是萬千征夫的殷殷鮮血，是國家社稷的安危禍福。所以，《孫子兵法》特別告誡，此一用兵之道，須「明主謹之，良將警之，安國之道也。」

韓琦之主戰，很大程度上也就是出於怒慍。他於高平的興師出戰，很大程度上也是出於怒慍，終而至於有好水川之敗。他所說的擁強兵而「惴然坐守界壕，不敢與虜確，臣實痛之」，就是證明。仲淹在好水川兵之後給朝廷的《論不可乘盛怒進兵奏》中，就特別談到祇憑一時義氣「敢勇」，如任福這樣的邊關名將，勇於鬥戰而不知進止，也祇會是招致禍敗終落陷沒。雖然「邊臣之情，務誇敢勇，恥言畏怯」，但祇有這一腔豪勇之氣，也無俾於成事，「無濟於國家。」

仲淹應該是清醒而有理智的。

成敗安危之機，豈敢避罪於其間

仲淹一直堅持自己持久防禦、不冒然進兵的主張。

慶曆元年正月，朝廷做出向西夏進兵征討的決定，要求仲淹所轄鄜延路與韓琦所轄涇原路同時出擊，陝西經略安撫使夏竦也改變初衷，上奏朝廷，請朝廷派專人赴鄜延路監督仲淹與韓琦統一行動。

朝廷準備進兵西夏的決定傳至延州，仲淹立即上書仁宗，申述朝廷不可輕易興兵。在上書中他向朝廷報告自己已「密令分布兵馬，候賊奔衝，放令入界，會合掩擊」，作好了冬季防禦夏兵來犯的部署。他也向朝廷報告了自三川口兵敗之後自己知延州，修城壘，運兵甲，積糧草，爲成就「攻守全勝之策」所作的準備。但他堅決不同意正月裏深入西夏境內作戰，因爲正月進兵，「軍馬糧草，動輒數萬，入山川險阻之地，塞外風雪，暴露僵僕，」一旦有失，所傷必衆，且無以爲繼。這不僅關係到邊關安全，事實上關係到國家的整體安危。而且，深入西夏境內，即使偶或有勝，也祇能收到擊潰驅散之功，而難以有挫其精銳之效，官軍一退，寇衆復聚，怨毒更深，擾邊愈甚。這樣一來，也便「偃兵無期」了。同時，鄜延本是西夏舊日進貢必經之路，藩漢百姓頗多交往，很相接近，因此，爲長遠計，仲淹還希望朝廷能留此一路暫不征討，以免「隔絕情意」，將以後招納西夏的路堵死了。上書中他甚至引用《孫子兵法》云：「戰道必勝，主曰無戰，必戰可也；戰道不勝，主曰必戰，不戰可也。」以表達自己「將在外，君命有所不受」，堅持自己以防禦爲主的打算。他說：「今若承順朝旨，不能持重王師，爲後大患，雖加重責，不足以謝天下。」

他那改不掉的迂闊不曲、直言無避的老「毛病」又犯了。西夏屢屢侵擾，而且勢頭越來越盛，實爲朝廷心腹大患，其怒其怨，當可想而知。已經決定大兵征討，況且與仲淹同副邊帥之任的韓琦也力主一戰，獨仲淹不預此議，且朝廷出兵日期已定仍執言不可，朝廷不予追究則罷，假若追究，一定是罪不容赦，眞要

「吃不了兜著走」的。雖說有「將在外，君命有所不受」的古訓，但自宋立國，太祖趙匡胤「杯酒釋兵權」之後，興兵舉軍的大權由皇帝親掌，將帥出征，皇帝以陣圖相授，還要派內臣監軍，哪裏還能容得「君命有所不受」！實際上，仲淹因反對出兵而遭追究的可能也確實存在。朝廷做出進兵西夏決定之後，當時擔任樞密副使的杜衍向仁宗進言，認爲準備不足，僥倖求勝不是行兵之道，不能冒然進兵。朝中就有人指責杜衍臨戰沮軍，喪過士氣，應當辦罪。

仲淹自己也不是不知道個中利害。在慶曆元年正月的《奏論夏賊未亦進討》上書之後，三月他又有《論不可乘盛怒進兵奏》，在這個奏折中他就談到自己也知道「不從衆議則得罪必速」。但「奈何成敗安危之機，國家大事，臣豈敢避罪於其間哉？」──在仲淹心中，事關國家成敗安危的大事，即便由此得罪，自己也在所不惜。

正因爲如此，在向西夏進兵的問題上，仲淹是固執到底了。

康定年末，爲取得朝廷對於西北攻守的明確意見，夏竦派韓琦和當時任陝西經略安撫司判官的尹洙赴京，與仁宗面決邊事。韓琦、尹洙主張向西夏進兵，並要求朝廷以鄜延、涇原兩路同時出擊。得到朝廷的認可之後，韓、尹立即返回邊關，作進兵準備，自關中買驢向邊境運送軍需物質，「道路擁塞，曉夜不絕」。

范仲淹則堅持祇能防禦，不能進剿。爲說服仲淹，尹洙回陝西直接到延安，當面商勸，「圖爲協力」。但尹洙逗留延州近二十天，也沒能說服仲淹。仲淹堅持冒然進兵，決無勝算，徒落敗績，危及整個邊關安全。因而祇能取持久防禦之策，在防禦之中以觀事變，等待時機。尹洙責備仲淹思慮太多，謹慎有餘而敢勇不足。他對仲淹說：「你實在是過分謹慎了。在這一點上你不如韓公。韓公以爲，大凡用兵，都要將勝負置之度外。」未戰而先慮敗，銳氣不長，又何能致勝。而在仲淹看來，這祇是一個方面。這裏事實上不僅僅祇是一個怯勇的問題。賊來慮敗不擊，這是怯戰而乏勇，但如今是重兵輕舉，朝廷安危繫於成敗之間，就不能不慎之又慎。而且，大兵一出，關係到的是千萬將士的生命，怎麼能不慮勝敗而置之度外呢?他告訴尹洙，鄜延一路不出兵，已經得到朝廷同意了。

事實證明仲淹的話確實不謬。據《范文正公集》附《言行拾遺事錄》卷一，慶曆二月，韓琦輕舉大兵以致好水川兵敗回師，遇陣亡父兄妻子數千人「號於馬首，皆持故衣紙錢招魂，哭曰：『汝者從招討出征，今招討歸而汝死，汝魂識能從招討歸乎？』哀慟聲動天地。魏公悲憤掩泣，駐馬不能前者數刻。」仲淹聽說這情景，也深自感嘆：「用兵打仗，實在是難以將勝敗置之度外的啊！」

因心爲友，和而不隨

其實，尹洙親至延州勸說仲淹同意出兵，應該還有一層師友至交的考慮，他大約也希望以師友至交的情誼，能夠說服仲淹。

尹洙曾得仲淹舉薦，有一層師生之誼在，且尹洙也十分欽敬仲淹爲人。景祐中仲淹因忤夷簡被誣爲朋黨遭貶，尹洙憤然上書以與仲淹「義兼師友」而自求同受貶黜。後來慶曆新政失敗以後，仲淹罷參知政事知鄧州，尹洙謫崇信軍節度副使，後移筠州（今江西高安）監酒。其時年僅四十六歲的尹洙已在病中，但郡守趙可度迎合朝廷權要，仍對尹洙極盡折磨。仲淹得到消息之後，請求朝廷允許尹洙移鄧州治病。得仁宗批准之後，尹洙移鄧州，此時，他已經病入沉痾，不能起床了。仲淹每日「挾醫以往，調護備至」，讓他得以無苦而終。尹洙不治而歿之後，仲淹爲他料理後事，分出自己的俸祿撫恤遺孤，且請尹洙少年時期就相知爲友的孫甫爲作行狀，請歐陽修、韓琦分別爲作墓誌、墓表，他自己也爲作祭文，並爲尹洙文集作序。這兩個人之間眞可謂生死之交了。事實上，仲淹與韓琦也有知交之誼。仲淹得於貶放之中復出重任，就是得之於韓琦不避訾議，以身家性命擔保的舉薦。但即便如此，仲淹也不願因朋友之私而放棄自己的主見。

不過，仲淹的固執己見，也並沒有影響他與韓琦、尹洙之間的友誼。這大約也就是人們常說的君子之交吧。君子之交「惟德是依，因心而友」，所守者道義，所行者忠信，所惜者名節，自然既能見利而互讓，見危而相扶，也能爲道而自持，爲理而力爭。此即所謂君子之交，和而不隨。

這正是仲淹的一貫作派。慮事深遠而深思熟慮，君命加之且不能曲，朋友情分與國事民患自然更是涇渭分明了。說到底，在仲淹心中，百姓憂患，國家安危，總是高於一切之上的。不慮於私，則必不屑於「隨」——行動去取，全以國、民爲根本，以事理爲依歸。利於國、民則爲，生死可以不避，不利於國、民則拒，也可以不避生死。仲淹是爲國爲民做官，不是爲君更不是爲自己做官。韓琦稱仲淹一生「前無愧於古人，後可師於來哲」，其可無愧古人後師來哲之處，正在於此。

從本質上看，其實這正是中國上下幾千年，一代代以天下爲己任的有識之士的一種共同性的特徵。他們持道義而不隨，守忠信而不曲，成名節而不流，以無所畏懼的浩然正氣和見微知著的理性精神，自覺承擔起社會的良心，去維護爲他們所認可的某種代表著人類發展的高級方向的基本價值。於是，中國歷史上也就有了那許多的足以讓後世子孫唏噓感佩的死節之士。

這其間也正體現著一種超越，一種由以天下爲己任的自覺的責任感，和由與天下同其安樂的崇高理想而來的，對於自我爲臣爲下的地位以及切於己身的禍福得失的超越。正是這一種超越，形成了中國古代由於這些特立獨行的中行之士的存在才會出現的，而且是歷演不衰的「德」與「位」、「道統」與「政統」相抗衡的人文景觀。從孟子的「說大人，則藐之，勿視其巍巍然」，到范仲淹的「豈獨世所非，千載成迂闊」，到蘇軾的「以道事君」，求合於道而「不求合於人主」……正標識出這一人文景觀的發展路向，也構成了中國優秀的知識分子心懷大道，特立獨行的可貴的精神傳統。衹是中國綿延幾千年的專制正統實在是太強大了，加之還有那麼多諂媚取容者的曲學阿世，不斷地強化著君尊臣卑之見，使這些有識之士的仗義行道是那樣的艱難，在「德」與「位」、「道統」與「政統」的較量中，許多時候那些持道而行者常常衹能是在退而獨善其身中徒喚奈何，更有甚者，則是留下幾曲捨身爲道的慷慨悲歌。

降知耀州與三讓觀察使

不過，從一般行事處世的層面看，這些特立獨行者也有一個很大的「弱點」。求爲國爲民而不「隨」不「和」，自然也就不知進退，不慮予奪。一般說來，這樣的人做起事情來常常衹以該做不該做爲取捨之本，因而也常常是不思防範。換句話說，也就是遇事不知道如何保護自己，不知道去細緻權衡該不該做和能不能做之間對於自己的利害，或者他們根本就不屑於去做這種權衡。因此，他們也就免不了常常要吃虧，或者會做出一些明顯會讓自己吃虧的事。

仲淹就是這樣一個人。

與西夏國主的「外交」

好水川之戰前後，仲淹就做了一件欠考慮的事。

慶曆元年正月，元昊派高延德到保安軍（今陝西志丹）求見仲淹。高延德原爲宋軍塞門寨守將，康定五月元昊軍攻破塞門，高延德被俘歸夏。元昊派他來見仲淹，本意是來試探求和的。據《西夏傳》，自康定宋、夏交兵以來，西夏雖打了不少勝仗，但「死亡瘡痍者亦殆半，人困於點集，財力不給，國中爲『十不如』之謠以怨之。」同時，由於元昊誅殺無常，激其部下數次發動反對他的兵變，使其「終不能大斥境土，而中國兵益練習，名將稍出，頗究知敵中情狀」。在這種情況下，他派高廷德至延州，與此同時也派了人去涇原路。

應該說，仲淹並不相信元昊的求和，因爲當時的元昊，也確實沒有眞正求和歸順的實際行動，一邊派出使者，一邊也派出兵馬，向渭州懷遠進攻。但仲淹一直是希望能早息戰禍，以求邊境安寧的。他不願意斷絕宋、夏議和的通路。因此，他接待了高延德，並給元昊寫了一封信，派韓周帶著信與高延德同去西夏，面交元昊。

趙元昊本性李，眞宗時西夏歸順宋朝，賜爲同姓趙。仲淹給元昊的信即從追敘眞宗以來宋、夏關係起筆，談到眞宗時封元昊祖父爲夏王，賜以同姓，「恩信隆厚，始終如一」。談到兩國交往，逾三十年有耕無戰，「朝聘之使，往來如家」，兩國邊境「禾黍雲合，甲胄塵委。養生葬死，各終天年。」在這封長遠數千言的信中，仲淹還特別談到宋自太宗時起就以「仁」爲立國之本，現在雖元昊僭號稱帝，挑起邊境事端，仁宗也仍然以人度爲懷。元昊稱帝時，曾派人通告仁宗，且讓人歸送眞宗賜給的旌節以示絕交，朝廷內外，莫不驚憤，紛紛請求仁宗收押來者，戮於都市以警戒夏人，但仁宗頒詔：「並不是不能以大宋的力量平定一方之患，只是念先帝一片苦心，以及已故夏王忠順之功，不忍因一朝之失，而驟絕兩國之交。」遂讓西夏來者不殺而還。自康定以來，兩國疆事紛起，耕者廢耒，織者廢杼，自己至邊關赴任之時，皇帝仍然命之曰「有征無戰，不殺非辜」。他希望元昊能領受皇帝的一片苦心，爲藩漢百姓復見康樂，速息兵革，禮下朝廷。信的最後，仲淹還爲元昊細緻剖析「逆順」之理，實在是情動殷切，至誠可感。

但這封信對元昊並沒有起到太大的作用，而且恰逢韓琦進兵好水川失利，元昊似乎更有了與宋抗衡的信心，因而態度也更加驕橫強硬。他派使者身帶一封由他的親信野利旺榮署名的信，和韓周同至延安，交給仲淹。這封信中多輕薄怨尤傲慢不遜之語，仲淹以爲原書上達朝廷，會「上瀆聖聰」，也恐怕會「傳聞於外，爲輕薄輩增飾而談，有損無益」，便與都鈐轄張亢拆閱之後，當著西夏使者的面將信燒毀，只錄了一個刪改過的副本送到京城。

降知耀州

仲淹這件事做得確實欠考慮。「人臣無外交」，自古皆然。不經過朝廷許可自派使者前往西夏，這是一不妥；不僅派使者，且不報告朝廷即親筆致函於西夏王，此二不妥；焚毀元昊覆信，使自己無可示於朝廷的實證，實在是自陷於被動，這更是不妥。消息達於朝廷，連在仲淹赴邊任時向仁宗建議爲他復職的呂夷簡也責備他：「希文這件事做得太糟糕了。」參知政事宋庠甚至認爲仲淹私行外交，按律當斬。所幸樞密副使杜衍據理力爭，以爲仲淹之志，出於忠果，祇是想爲朝廷招降元昊，雖然不妥但情有可恕，不當深罪。加之呂夷簡也不同意過重治罪，最後仁宗下令罷仲淹經略安撫副使，降戶部郎中爲員外郎，調知耀州（今陝西耀州）。

這大約也算是行事祇以該做不該做爲取捨，而不知權衡利害，三思而行的「咎由自取」了。其實，仲淹對自己也有一個評價。當年貶知饒州時，他由於學氣功不得法，得了一種眩暈症，有一次接見賓客時甚至暈倒而不省人事。專領邊城，事務繁雜，舊病時有發作。他以爲不能抱病貪榮，所以他在降官知耀州之後不久，就上書朝廷，請求讓他「或在隨、郢、均、汝之間守一小郡」，既「庶獲安靜，尙圖痊癒」，也能就此避「貪冒微祿」之譏。他在《乞小郡表》中，就說到自己「賦性本蒙，處心至狹；國家擢於清要，有遇事輒發之尤；寄以重任，無思患預防之智。言必取悔，舉則敗官，未逾數年，實遭三黜。」看來他自己也確實是有些自知之明的。不知三思而後行，自然免不了頻招物議以至生途蹇滯了。

仲淹說自己之所以如此是因爲「賦性本蒙，處心至狹」，而在我們看來，這也正是一種持道君子的至誠之性。其實，觀察一下，如仲淹一樣的那些能被我們看作至性君子的人，似乎都天性如此。比如蘇軾就說過自己是「天下之無思慮者也，遇事則發，不暇思也。」根本就不知道，其實也是不願意如一般人那樣去「思而後行」。因此，常常是言發於心而衝之於口，明知道說出來會讓別人難受，但不說出來自己又非常難受，蘇軾的原則是寧可讓別人難受，也絕不藏著掖著讓自己難受，所以即使說了會得罪人，甚至會有很不利於自己的後果，最終也還是要說，所謂「吐之則逆人，茹之則逆己，以爲寧逆人也。」觀察蘇軾一生處世行狀，也確實大體如此。而他的遭遇，事實上也如仲淹一樣，因「屢犯世患」而數罹貶黜，正像他自己說自己的：「問汝平生功業，黃州惠州儋州。」一生留在記憶中的不過就是幾個於貶放之中流徙過的地方。

察其究裡，這樣一種「天性」，也就是一種明察大道而成就的「天性」。爲國爲民，行之於正道，又哪裡用得了那許多的三思而後行？君子立德行道，正如人之愛美麗的風景，出自天性，本就無復臨事而後思，譬如國難當頭，對於要不要拍案而起還要三思而後行，又豈是君子所爲？而且，從處世爲人的層面看，如此行事，也正顯示著這些至性君子精神的舒展和處世的灑脫。仗義而行，放意不羈，得失盡捐，進退自如，窮通順逆之中都能居處如常，比如仲淹的「從今愈識逍遙旨，一聽升沉造化爐」。比如蘇軾的「莫聽穿林打葉聲，何妨吟嘯且徐行……一蓑煙雨任平生」。如此人生，不也是一種難得的輕鬆嗎？

再度起用

仲淹調知耀州不久，便再次被朝廷起用，用仲淹自己的話說，如此「既廢復用」，「灰而又燃者數四矣」。

仲淹這一次被起用是由耀州徙知慶州（今甘肅慶陽），兼管句環慶路部署司事。這時朝廷已將陝西分爲秦鳳、涇原、鄜延、環慶四路，韓琦管句秦鳳路部署司兼知秦州，王沿管句涇原路部署司兼知渭州，龐籍管句鄜延路部署司兼知延州，仲淹管句環慶路部署司兼知慶州。也就是說，仲淹又一次被委以方面帥臣之重。

由於好水川兵敗，此時朝廷也開始接受仲淹先前提出的以防禦爲主，尋機作戰的方略。這也算是「事實勝於雄辯」的一個絕好說明吧。人們總是一定要在吃虧禍敗中才能眞正變得聰明起來，從某種意義上說，這幾乎也是人無法逃脫的「劫數」，只是這樣一種使自己聰明起來的過程，有時付出的是血的代價，這代價實在是太大了。

仲淹對於邊關防衛的基本構想仍然沒有變化。復出之後，他很快向朝廷進攻守二策。仲淹認爲，在延、慶之間已經被西夏佔領的一百多里邊地，對於整個邊關固守防禦十分重要，這一範圍之內的金湯、白豹、后橋等要塞，必須予以收回。他建議朝廷從環慶、鄜延、涇原三路調集兵馬，合力進兵，收復這一片失地。頑抗者全力殲滅，降服者厚利安置，祇需收復軍事要地，不必縱深追擊進剿。所有要塞攻取一座便加固堅守一座，沒有城寨的地方，則修築寨城，步步爲營，徐圖進取。

同時，仲淹還建議吸取前代屯田戍邊的經驗，就地招募士兵、弓手，逐漸代替那些離家戍邊的兵士。這些就地招募的兵士、弓手在把守寨城的同時，可以和妻子父母一道在寨城附近耕種官田，「據畝定課」，滿足他們自己生活需要之外，多餘的糧食由公家收購，這樣既可減輕糧草轉運負擔，也使戍邊兵士無戀土思鄉之苦。這樣，可以使邊關防衛「用攻則宜取近而兵勢不危，用守則必圖其久而民力不匱」。

加緊修築城寨，是仲淹攻守二策的重要內容。慶曆二年，仲淹親自指導修建了大順城。大順原名馬鋪，在慶州東北，與它西北的柔遠、白豹和它東北的金湯三寨大體都相距四十里，是前出這三寨的咽喉，在此修城，可以阻斷西夏與明珠、滅藏等少數民族之間相互往來，使西夏在這一帶邊境處於孤立地位。仲淹自己帶兵進駐柔遠，派長子純祐偕藩將趙明秘密佔領馬鋪並運去築城材料，在馬鋪築城。純佑當時十九歲，仲淹赴西北邊關，他即侍奉左右，「與將卒雜處，鈎深摘隱，得其才否」。《宋史》評他「性英悟自得，尙節行」。

在馬鋪築城也是一次艱難的工程。因爲馬鋪爲戰略要地，築城之時，夏兵即來騷擾爭奪，築城士卒祇能「且戰且役」，但工程進度仍然很快，僅十天便完工。城成，夏兵以三萬兵馬來爭，仲淹親自指揮作戰，擊退夏兵。朝廷頒令，賜馬鋪名「大順」。北宋著名思想家張載爲此專作《慶州大順城記》，記中說：「賊之逼城，傷死無數，謨不我知，因潰而去。……天子曰嗟，我嘉汝賢。賜號大順，因名其川。」

就在這一年，朝廷做出決定，依尙書丞、郎等文官帶武職須改廉察的舊例，改陝西路管句部署司爲觀察使。以朝廷本意，是因爲仲淹、韓琦等均以龍圖閣直學士官即員外郎任邊帥，改觀察使，可「正其名使之總戎」。觀察使是武官，相當於文臣中的秘書監。但兩者之間，俸祿卻極爲懸殊，秘書監年俸四十五千，觀察使卻是二百千。朝廷將陝西四路帥臣改觀察使，也有「厚其祿使衣撫其下」的意思。

三讓觀察使

但朝命一下，仲淹便連上三表，堅辭不受。

在這三份表章中，仲淹一再申訴自己不能接受觀察使之職的理由。依仲淹之見，如果改原職爲觀察使，一是落朝內之職，將失朝廷之重勢，不利於監軍；二是既爲外帥，無近臣之分，則「不敢區別是非，與朝廷抗論」；三是自己自來邊關，便督責將佐當圖實效，不要妄求恩獎，而自己一年之中，「三換寵數」，受之將無面目督諸將實效；四是自己以文職居邊關，藩人皆呼爲「龍圖老子」，而西夏沿邊小首領均以觀察、團練使爲職名，一旦受觀察使之職，必會爲其所輕。

在表章中仲淹更特別談到，「自古將帥與士旅同其安樂，則可共其憂患，而爲國家之用。故士未飲而不敢言渴，士未食而不敢言饑。」如今守邊將士生活極爲艱苦，飲食粗糲，「經逾歲年，不霑肉味。」致使行軍途中也有因累餓倒斃的，也不過是挖個坑掩埋了事。自己與這些將士們之間已經有了一條很深的鴻溝了，如果再接受如此厚祿之職，這些將士們又會怎麼想呢？他恐怕會因此而「鼓軍旅之怒」，致使邊關將士「不能爲國家之用，而能爲國家之患矣」。在讓表中，仲淹還一再申明：「臣自知予予惴惴，非將相之才，豈了大事？但國家急難之際，邊鄙乏人，臣以事君之心，雖知屢困，日勉一日，將帥得人，臣即引退丘園，詠歌太平。雖多難之夫，有全歸之樂，此臣之所期也。」

仲淹甚至還爲此專書致執政呂夷簡，申言邊關本來就靠邊關將士居守，自己居諸將諸軍之上，「責人死效」，本來無功，再貪圖千鍾厚祿，於心不安！而且自己本來就是一文士儒臣，無力承當武帥之職，事關國家安危，生民性命，「豈可不自量力而輒當之？」他眞誠希望朝廷能接受自己的辭讓。

對於這一任命，陝西四路中，王沿、龐籍也和仲淹一樣，都上表力辭，祇有韓琦一人接受了任命。韓琦以爲，君憂邊事，爲臣者不當擇官而就。

這大約也是看問題的角度不同，行事選擇的方式也自然會有不同吧。不管怎樣，我們應該承認的是，仲淹之辭觀察使不受，既是慮在邊事，憂在國家，也有出自自我衡量，不受自己無力勝任之位，以求避身、事兩敗之禍的考慮在。在他看來，自己身爲儒臣，本無武帥之能，以一介文士而不自量力受任武帥之職，既無補於邊事，自己也將取笑於三軍，及其事敗無救，不僅將危困社稷，自己也絕無安身全歸之理。比如前之劉平，本是文臣，衆推忠勇，朝廷委以將帥之任，終至有三川口之敗，被俘絕食而死，不得生還。前車之覆，後車之鑒，仲淹絕不願意「苟寵祿之福，忘喪敗之禍」，做那種於國於己都沒有好處的事情。

這也應該算是一心爲國、惟道爲行的至性君子的智之所在吧。古代史官周任有言：「陳力就列，不能者止。」這裡確實包含著爲官謀政者不能不明思愼察的深刻道理。從最一般的層次上看，一個人想做什麼、願意做什麼，和他實際上能夠做什麼，這之間常常會有一段不小的距離。明智的選擇自然應該是能夠客觀地衡量自己，受之所當受，爲之所能爲。設若僅僅從自己的主觀願望出發而不能自知，無力就列亦不能止，甚至自視過高，出於某種人生目標去勉強自己，一定要去擔當自己根本就沒有能力去擔當的責任，無論這目標多麼崇高偉大，事功不成甚至身、事兩敗，最終也祗能是落得個令人扼腕的悲劇結局。淸人鄭板橋在他的《南朝》詩序中就說過一段很令人深思的話：「昔人謂陳後主、隋煬帝作翰林，自是當行本色；亦謂杜牧之、溫飛卿爲天子，亦足以亡國。乃有幸而爲才人，不幸而有天位者，其遇不遇，不在尋常眼孔中也。」世紀之交的國學大師王國維在談到李後主時，也說他生於後宮之中，長於婦人之手，是其爲詩人之大幸，卻是其爲人君之大不幸。確實，養就一副文人詩家的情性，而全無當國爲君的才能，最終落得失國被囚，終日裡以淚洗面，苦吟「問君能有幾多愁，恰似一江春水向東流」的啼血之詞。除此之外，大約也不會有太好的結果。可惜的是，中國古代許多文人學士，恰好是在這一點上容易犯糊塗，比如李白一生都嚮往著能「申管晏之才，謀帝王之術，奮其智能，願爲輔弼」；比如杜甫自認「許身一何愚，竊比稷與契」。說到底，自己在那裡竊想一下可以，說歸說，做歸做，假使本無王佐之能而硬要去應王佐之用，終歸不能算是一種明智。

從這裡看去，仲淹實在也不愧是一個自知甚明的智者。

將軍了邊事，春老未還家

能自知長短，自見屈伸，不迷於祿位，不惑於進退，方可稱得上是明達世事的智者。而要眞正做到這一點，而且能夠決之不豫終始如一，關鍵恐怕還是先要有一顆以天下國家的安危禍福爲重，而不慮於祿利名位的仁人之心。

「吾固知仲淹可用也」

在辭觀察使一職之後不久，慶曆二年底，仲淹又一次對於朝廷給自己的進職加官堅辭不受。

如果說前番朝廷給仲淹等人以厚祿之職，主要是爲了「正其名使之總戎」，「厚其祿使衣撫其下」，那麼，這一次爲仲淹進職加官，則眞正是因爲仲淹爲朝廷免去了一場可能的災患。

慶曆二年秋末，元昊經過一番試探求和的緩衝準備之後，又一次向邊關發起了猛烈攻勢。西夏這一次對宋興兵，還有因宋、遼修好破壞了夏、遼之盟，要向宋、遼示威耀武的用意在。夏、遼之間本來相約聯手困擾中原，慶曆二年正月，遼派出兩名使者使宋，向宋提出「歸還」關南十縣的領土要求，並指責宋不該對已向遼稱臣的西夏用兵。時任諫職的富弼奉命兩度出使遼國，據理力爭，最後說服遼主，以宋增加歲絹十萬匹、銀十萬兩重新修好。

西夏此次興兵進犯，由元昊親自率領，一開始確實攻勢很猛。他們利用北宋邊關戰線過長，兵寡勢分的弱點，採取先據險要，誘敵深入，然後包抄合圍，聚而殲之的戰略，與宋軍周旋。進攻自涇原路的鎮戎軍（今寧夏固原）開始，涇原路副都部署葛懷敏率軍出擊。《續資治通鑒》評葛懷敏「通時事，善候人情，故多以材薦之；及用爲將，而剛愎輕率，昧於應變」。此次葛懷敏引兵出戰，就是不聽部將趙珣據守馬欄城，以逸待勞的勸告，舉兵輕進，而恰中元昊誘殲之計，在固原西北的定川寨陷入重重包圍，苦戰不得脫，終至全軍覆沒。葛懷敏及裨將曹英等十多人戰死，喪師九千餘人。這是宋、夏邊境交戰以來繼三川口、好水川兩次兵敗之後的第三次遭重創，消息報至京城，朝廷內外震驚，執政呂夷簡也撫額長嘆曰：「眞是一戰不如一戰。」

這一戰的勝利，也使西夏士氣更銳。他們乘勝揮師，以破竹之勢長驅而入，下渭州（今甘肅平涼），進潘原（今平涼東部一帶），在縱橫六百多里的土地上焚燒廬舍，擾殺邊民，劫掠財貨，如入無人之境。最後元昊軍逼近涇州州治所在地涇川，揚言攻下涇川直搗長安。

葛懷敏兵敗定川，元昊軍進逼涇州的消息傳至慶州，仲淹以爲涇州爲遮蔽關中的重地，萬不可失。立即調集六千兵馬，從邠州、慶州馳援涇原，希望切斷元昊兵的退路，準備在他們回師時予以重創，由於元昊進至潘原又改變計劃迅速撤去，仲淹沒能實現重創西夏的構想，但他此次出援，也向元昊顯示了一下宋軍威勢。

此前元昊取勝定川進兵潘原時，已經引起關中恐慌，甚至很多老百姓都開始做逃難的準備，有些都開始向山中遷移了。消息傳至京城，仁宗對著地圖研究戰局，就很有些擔憂地對朝中左右說：「如果仲淹能夠出援，我也就可以無憂了。」仲淹出援涇州，顯然對他是一個極大的安慰。戰報到達朝廷之後，仁宗大喜說：「我本來就知道仲淹可當大用。」因此親自下令進仲淹爲樞密直學士，右諫議大夫。

接到朝廷進職加官的命令，仲淹又是立即上表辭讓。他在讓表中說，「在物之情，向榮必喜。」自己得朝廷嘉勵，本來是應該感到高興的。但想到自己自任邊臣以來，前度曾因「招納非宜」而罷，後「復領中權」，於茲二年，寸功未立，現在反而「屢叨改進」，實在是「深負愧羞」。此次葛懷敏兵敗定川，自己馳援不及，致使西夏兵「殺傷滿野，驅掠無算」，已經使他痛心自責，日夜悲憂，以至於「髮變成絲，血化爲淚，殞歿無地」，哪裡還有心情接受朝廷的加官進爵！他甚至建議仁宗將自己這樣的邊帥，加以「宿兵困民、討伐未效」之罪，「左降一官，帶『責授』二字……以謝邊陲，以警將佐，以勵軍旅。」他還希望仁宗深自謙損，「以柔遠未至，選將有差之辭，告謝於皇天后土、五岳四瀆」，讓天下知朝廷罪己，必欲破賊的決心，使兩府大臣、邊疆將佐甘爲艱辛，「更無僥倖之望。」

辭千鍾之祿而不受

按說如仲淹這樣一個求先憂後樂，且敢以天下爲己任的人，是不應該拒絕給他一個更高的，也更可以實現自己抱負的位置的。從仲淹數次參決朝政以及此番擔重任於邊關的作爲看，他應當也不是那種祇有一腔以天下爲己任的豪情宏願，而全無任事有爲、用如王佐之能的純粹的一介文人學士。無論如何，有任天下之志，亦不乏任天下之能，如今有一個更能讓自己可以任天下的條件，這一次的升遷應該是可以接受的。

祇是仲淹此時看到的不僅僅是問題的這一個方面。在他的心中，這一次的加官進爵對於自己雖不失爲一件好事，但對於邊關戰局、國家利益來說，卻有可能帶來不利的影響，不見於事功而頒行爵賞，頒者也許有可頒的原因，受者也可能有可受的理由，但「天下莫知」，眼中所見，將祇是頒行爵賞本身。如此一來，勢必長僥倖求進之風，而失苦勞實效之志。這一予一受之間，所繫實在大矣。

這自然是仲淹的想法，事實上，換一個人或者換一個角度，也還是可以有別的看法的。比如前次的讓觀察使之職，就是仲淹有仲淹的看法，韓琦有韓琦的看法，取捨之間，都有可以成立的理由。這裡的關鍵，其實不在於讓還是不讓，而在於我們能夠觀其行事而察其爲人。

說到底，仲淹是求安社稷、濟蒼生而爲官謀政，而不是僅僅爲君王更不是爲自己的名位利祿來爲官謀政。孟子說：「有事君人者，事是君則爲容悅者也；有安社稷臣者，以安社稷爲悅者也。」只爲君主做官，也就祇會去一味討君主的歡心，這種人其實也就是在爲自己做官。他們眼睛盯著君上的臉色，心中盤算的其實就是自己的祿位。眼中祇有君主，心中祇有祿利，視野中也就必然沒有了國家百姓，無利都思謀著如何能榨出三分油來，不給他做官更會挖空心思去鑽營求官，哪裡還會有辭千鍾之祿、人上之爵而不受的事情？祇有那些眞正是一心求安社稷、濟蒼生者，他們沒有自我利欲的掛礙，一切以國家百姓爲重，進退惟道，行之所必行，止之所當止，才會當取則取，不當取則拒，也才會有如仲淹的數辭加官而不受。

說起來，從人生的層面看，爲保自己的祿位「事是君則爲容悅者」，其實做官也做不輕鬆。從最一般的層次說來，爲保住自己的祿位，或者還想得到更多的好處，一天到晚看著君上的臉色行事，他不快活，你快活也不能顯得快活，他要快活，你不快活也要跟著他快活，甚至還要強迫著自己去指鹿爲馬，睜著眼睛說瞎話，連自己是誰都忘記了，這如何能有輕鬆？貪戀祿位，籌謀財利，整日裡忧惕警醒，提心吊膽，謹小慎微，不敢越雷池一步，想輕鬆又怎麼可能輕鬆。而且，這種人做官，其實也很危險。貪戀祿位，急於名利，眼睛只盯在眼前的利益上，往往不能清楚地看到這利益背後的危機，不管自己勝任不勝任，祇要有厚祿重利就硬著頭皮上，最終免不了自取禍敗。中國歷史上因貪圖祿利不知辭讓，事情辦糟了被皇帝拉出去「嚓」地一聲砍了頭的，也不在少數。

所以，明達世事的智者，並不拒絕功名利祿，但絕不去趨奉功名利祿。無聲名祿位之累，予奪不慮，去留無憂，如此做官，心靈是自由的，精神是舒展的，因此，這官也可以做得自由、灑脫許多。

羌山始見花

在仲淹的堅持之下，朝廷接受了仲淹的辭讓。

慶曆二年十一月，朝廷對西北邊帥配置又作了一次調整，復置陝西經略、安撫、招討使，以仲淹、韓琦、龐籍分領，於涇原設陝西四路都部署司，龐籍留守鄜延路，仲淹、韓琦同駐涇原，統一經略指揮各路軍事防務。

如此安排也是接受了仲淹的建議。此前朝廷本來已經任何文彥博經略涇原。因爲葛懷敏兵敗定川寨，涇原守軍受創太重，朝廷有意將仲淹與文彥博對調，希望由仲淹重振涇原邊務。朝廷派王懷德至環慶徵求仲淹的意見，仲淹認爲涇原在整個邊關防務中地位極爲重要，此處地平少險，西夏進犯邊境，常常是從這裡開始，因此，他希望能與韓琦並駐涇州，共同經略涇原。同時，由韓琦兼管秦鳳路，自己兼管環慶路，西夏進犯涇原，則合秦鳳、環慶之兵成犄角之勢協同剿殺，秦鳳、環慶有警，則以涇原之師爲援。另由龐籍兼領鄜延，與涇原、環慶成首尾之勢。仲淹以爲，如此安排，邊備將得到充實，自己再與韓琦「練兵選將，漸復橫山，以斷賊臂，不數年間，可期平定矣。」

朝廷在對陝西四路邊帥配置做出調整的同時，還接受仲淹建議，以文彥博爲秦鳳路都部署兼知秦州，以滕宗諒爲環慶路都部署兼知慶州，自河北調張亢任涇原路都部署兼知渭州。

這三位都是熟悉邊事的將才。文彥博此時剛過而立，正是意氣風發的年紀，後來出將入相，凡五十年，輔事四朝，名聞四夷。《宋史・富弼、文彥博傳》

記，元祐間契丹使來，蘇軾陪同入覲，在殿門外望見文彥博，契丹使者都不敢相信自己的眼睛，驚異已經八十多歲的人了看上去還有如此少壯之相。蘇軾對他們說：「你們還祇是見到他的面容，沒有聽他說話。他綜理庶務，好些精幹的年輕人都比不上他；議論風發，貫穿古今，雖專門名家，也有所不逮。」滕宗諒則一直爲仲淹所信任。當年他曾與仲淹一起在泰州治水，前番元昊軍定川獲勝逼近涇州時，涇州守臣正是滕宗諒。當時涇川守兵很少，加之葛懷敏兵敗定川給涇州軍民也造成極大震駭。滕宗諒沉著迎戰，他從城外招來數千農民進城，讓他們穿上軍服，登城參與防守，又以金、帛在邊民中募集敢勇之士前出偵察，以了解夏兵遠近及戰事形勢，且隨時向所轄各郡傳檄通報，終於使人心有所安定。張亢曾任鎭戎軍通判，也是一個有著豐富軍事經驗的將才。

除將帥配置之外，仲淹、韓琦在邊關還大力提拔、培養了一批軍事人才。仲淹直接上奏朝廷，檢選都部署、鈐轄、都監等將校軍官。只有將校得人，才有士氣大增。因此，如狄青、王信、周美、范全、雷簡夫、馬懷德、姚嗣宗等人，都得到重用，他們中的許多人，如狄青、雷簡夫、周美等，後來成爲邊關名將。這其中有些人甚至曾犯事受過處罰而遣至邊關。在仲淹看來，祇要他們有任事之忠且有任事之能，就應該給以重用，而且，對於這些人，祇要不咎既往，任用得當且用之不疑，他們也一定會效死力的，所謂「活人於死者必捨身而報，榮人於辱者必盡節而雪恥」，這應該算是仲淹對人的一種很深刻的理解。

軍中有一范，西賊聞之驚破膽

慶曆元年以來，西北邊關雖戰事不斷且有幾次敗跡，但經仲淹、韓琦等人的精心籌劃和全力督撫，事實上局面已經開始有了較大改觀。到慶曆二年來，重新經過一番調整部署，更是規模完備了。

與此同時，朝廷也改革了原來由朝廷遙控指揮軍事的弊政，准許仲淹、韓琦如有緊急軍務來不及請示朝廷時，可以便宜處置。關於這一點，此前晏殊、張方平、文彥博都向仁宗提出過自己的建議。晏殊在接任樞密使時就建議由樞密與參知政事合議邊事並廢除內臣監軍制度，給邊帥以實權。張方平上書朝廷，提出「合樞密之職於中書。」文彥博則認為，西北邊關受到西夏侵擾以來，軍務仍然由朝廷遙控，邊關將帥連處罰那些臨陣畏縮、不戰脫逃者的權力都沒有，號令難行，賞罰不速，無法鼓勵士氣，懲戒殆惰。這種情況不改變，是很難打勝仗的。朝廷接受這些建議，終於改變了原來一直嚴格由皇帝制控兵權的作法，給仲淹、韓琦以便宜處置的主動性。這對於邊關戰事無疑是有好處的。

仲淹與韓琦主持西北邊事，攜手不疑，世稱「韓范」。他們部署得當，號令嚴明，愛撫士卒，使邊關將士能戮力同心，西夏再也不敢小覷北宋邊軍。當時邊上就流傳著這樣一首歌謠：「軍中有一韓，西賊聞之心骨寒；軍中有一范，西賊聞之驚破膽。」在仲淹、韓琦的共同經略之下，眞的在「不數年間」使邊事逐漸趨於平定了。

在抓緊邊關軍事部署及邊軍建設的同時，仲淹更著力於邊關長遠建設。他一方面大力修築邊關堡寨，另一方面十分重視少數民族的安撫、團結工作。涇原路原州（今甘肅鎮原）有明珠、滅藏、康奴三個羌族部落，擁兵數萬，勢力最大，且與西夏往來很多。涇原路曾經籌劃以武力進剿，使之臣服，仲淹反對如此作法。他上書朝廷，認爲這些羌族部落據險而守，攻之不利。且他們平時即心懷反側，武力之下，他們更是要和西夏聯手，互爲表裡，南入原州，西擾鎮戎，東侵環慶，邊患也就沒有可以止息的時候了。他建議可以北取細腰、胡蘆，在此修築堡寨，這樣既斷絕這些羌族部落與西夏的往來，又能保護他們不受西夏侵擾，使他們能夠安定。而且如此一來，還同時打通了環州與鎮戎間的通道，使邊關防務能夠成就首尾之勢，邊事也就可以無憂了。仲淹與韓琦同領陝西四路軍事，按計劃乘西夏不備，全力占取細腰、胡蘆並修築堡寨，實現了這一構想。細腰、胡蘆等堡寨修成，不僅斷絕了西夏與這些少數民族部落的往來，仲淹還在他們之中招募被稱爲「熟戶」的歸化者作弓弩手，在寨城周圍分給他們土地，給予優惠盡量使他們得以富足。這些弓弩手後來成爲邊軍勁旅，戰鬥力遠遠超過屬於朝廷直接統轄的陝西「禁兵」，以至西夏兵再也「不敢輒犯其境」了。

仲淹對這些少數民族部落都眞誠相待，「諸羌來者，推心接之而不疑」，據歐陽修撰《范公神道碑》，當時爲控制羌族部落，軍帳中常留住有羌族酋長的兒子爲人質，但仲淹並不把他們作人質看，讓他們自由出入於軍營，而這些人也沒有一個逃走，而有蕃酋來見，仲淹常召人臥室之內，撤去警衛，「與語不疑」，與他們結下深厚友情。《宋史》載，由於仲淹「爲政尚忠厚，所至有恩」，以至「邠、慶二州之民與屬羌，皆畫像立生祠事之。」仲淹去世以後，消息傳至邊關，邊境羌族酋長及部落居民數百人，到仲淹祠堂祭奠他，「哭之如父，齋三日而去」。

這情景一定是很感人的。不用說，一個眞正愛國愛民、憂國憂民、且不遺餘力爲國爲民的人，是一定會受到百姓如此眞誠的祭悼的。他活著的時候，人們會愛戴他，敬仰他，他死去，人們會爲他的逝去而悲痛，並且會永遠懷念他。從某種意義上說，其實人們爲仲淹畫像立祠也不過祇是一種形式，事實上，一個人總是用自己的爲人、德行爲自己樹立紀念碑的。仲淹自己就是一座立在後世人心中的永遠不會被摧折的紀念碑。

應名赴闕，備位宰輔

西北邊關之行，大約應該看成是仲淹一生功業最為輝煌的時期，就他個人來說，也許也是他較少掣肘，能夠躬親劬勞為國盡力的時期。依仲淹自己的願望，他是準備長守邊關，竭力塞下，完成幾項眞正能使邊關長安久固的事業的。

但是，慶曆三年，情況發生了很大的變化。

除樞密副使

慶曆三年（一〇四三年），自正月開始，朝廷政局就開始發生變化。

變化從西夏主動遣使議和開始。正月，元昊派使臣至延州，並攜有西夏求和國書。不過國書不用北宋年號，對宋也只稱子而不稱臣。西夏連年與宋交戰，物耗很大，國力空虛，宋、夏久不通市，以至夏民「飲無茶，衣無帛」。而且，西夏內部也出現了明顯的厭戰情緒。鄜延路經略安撫使龐籍依據這些現實情況，判斷此次西夏求和是有誠意的，他在給朝廷的上書中也明確表示了自己的這一判斷。儘管如此，他在接待夏使時，仍然以西夏國書不用宋「正朔」又不稱臣為由，申明自己不敢就此向朝廷上報。夏使則申述稱子即如稱臣，「子事父，如臣事君。」因此希望能至京師覲見仁宗，以顯示求和誠意。朝廷得知這一情況，密告龐籍，以爲祗要元昊答應稱臣，即使僭號，亦且無妨。夏使被允許至汴京。四月，朝廷又派邵佐良出使西夏，帶去封元昊爲夏國主，年賜茶三萬斤，絹十萬匹，並在保安、高平設榷場進行互市等議和條件。

根據邊事局勢的變化，朝廷開始宰執大臣的調整。

年初，孫沔上書彈劾前後三次爲相、執政多年的呂夷簡，指責他「黜忠言，廢直道」，姑息僥倖，任事推諉，致使郡守縣令稱職能事者十不得一，且法令無常，士民嗟怨。上書中希望仁宗秉邊事漸息之機振修綱紀，選賢與能，以求國事振興。此前呂夷簡已因病上書請求退休，他任宰執多年，本來一直爲仁宗所倚重，但這次仁宗接受了他的辭呈，准許他因病致仕。三月，呂夷簡罷相，由章得象接任相職，同時擢杜衍爲樞密使，任命富弼爲樞密副使。

宣弼與仲淹志爲同道，義兼師友，也是一位許國忘身的人。慶曆二年，宋、遼發生關南十一縣的領土之爭，朝廷擇使使遼，不少人以「其情叵測，不敢行」，夷簡舉薦富弼。當時歐陽修以此次出使實在危險，不同意富弼出行，富弼自己入見仁宗，以「主憂臣辱，臣不敢愛其死」，自求使遼。他先後兩度奉命使遼，爲宋、遼重新修好，做出了極大努力。第一次出使時女兒夭折，不顧而行；第二次出使時妻子臨產，又是不顧而行。在遼時，每得家書，拆也不拆就扔到一邊，說是拆看了，於事無補，反而徒亂人意。當時他祇是一個諫官，朝廷在他使遼前擬晉其職爲禮部員外郎、樞密直學士。他說：「國家有急，義不憚勞，奈何以官爵賂之？」最終不受而行。

四月，仲淹、韓琦也同時被任命爲樞密副使移調京師。

這一次的任命，對於仲淹、韓琦來說，既出乎他們的意料，同時也是他們不願意接受的。原因無他，邊關還沒有眞正歸於平靜安寧，他們還不能相信西夏眞的就能從此罷兵休戰。仲淹在《與朱校理書》中就談到：「十六日被旨赴闕……爲邊事未寧，防秋在近，乞且留任……入則功遠而未濟，後有邊患，咎歸何人？軍民億萬，生死一戰，得爲小事耶？」

應召赴闕

為此，仲淹與韓琦連續五次聯名上書朝廷請辭樞密之職，希望能夠得到允許繼續留任邊關。在他們看來，自西北邊關有事以來，邊關主帥數次改易，這本來就是用兵之大忌，但邊將乏人，朝廷不得已而如此，也情有可原。祇是他們自己自康定元年至今，任事邊鄙已歷四載，經劃邊事雖無大的成效，但「其如軍中之事，粗已諳詳」。上年涇原定川兵敗之後，邊關重新調整部署，「奏選將佐，促治城寨，閱習軍馬，完備器械，為向秋之備。」並思「與將佐合心，持重御捍」，最終「討服橫山界近藩」，徹底消除邊境禍患。如今雖然西夏請和，但「以四十年恩信」尚「一旦翻覆」，他們的請和誠意不能不讓人懷疑。何況道途傳聞，西夏又在點集兵馬，如此更是不能不防了。他們以為，如果自己「貪冒寵榮，輒便捨去」，將使邊關防務又陷於帥臣數易之弊。而且，「當經營秋防之際，動易帥臣，送故迎新，衆情自擾，則於御捍之事，不無廢闕。」假如邊事又起，害及生靈，情何以安！到那時即使甘心伏誅，也於國於民無任何補益。

在數次上書中，仲淹、韓琦也一再申述，對於個人來說，處勞而思逸，重內而輕外，本來是人情之常。就他們自己來說，自從蒞臨邊事，「久阻闕廷」，此次能得召赴闕，參決朝政，本來也是心之所望。如今再三請辭，不肯上道，在旁人看來，也許是自甘「置身艱苦，違人情之所樂，以矯時干譽」。但事關邊境安寧，國家安危，實在利害甚明，情出無奈。他們希望朝廷能夠理解他們的一片忠誠，准其所請。他們願意勤勤懇懇，竭力塞下，待邊事徹底寧靖之後，再「歸朝未晚」。

古人云：善類同德，君子同倫。察仲淹、韓琦、富弼等人的言行，可知此言確實不謬。一心為國而不為祿仕出，求與民樂而能為天下憂，眞就是這些至誠君子們的一個共性特徵。也眞如《宋史》所言，北宋一代，有如仲淹、富弼、韓琦等一代名相，實在幸甚矣哉！

朝廷這一次沒有接受仲淹、韓琦的辭讓，仲淹、韓琦在無可奈何中踏上去往京師的路途。自景祐四年（一〇三七年）十二月因言忤宰相被貶出京師，到此時應召赴闕，彈指間已經是六個年頭。六年前仲淹出京時，心情是沉重的。六年後他得以重返京師，心情也是沉重的。邊事未寧，宏願未了，憂心影隨，於赴京道上回望漸遠的邊城，如仲淹這樣一個一心爲國的至誠之人，無論如何也是不會有一般人想像的卸去塞外苦職、終得擢進的輕鬆甚至喜悅的。畢竟躬親劬勞竭心盡力於此已歷四載，這裡既留下了他爲那些殞歿於此的邊關將士灑下的淚水，也留下了他用心血圖畫出的邊關規模初見的喜悅。任環慶路都部署兼知慶州時，仲淹有一首給龐籍的《依韻和延安龐龍圖柳湖》詩，詩云：

種柳穿湖後，延安盛可遊。
遠懷忘澤國，真賞即瀛州。
江景來秦塞，風情屬庾樓。
劉琨增坐嘯，王粲斗銷憂。
秀髮千絲墮，光搖匹練柔。
雙雙翔乳燕，兩兩睡馴鷗。
折翠贈歸客，濯清招隱流。

宴回銀燭夜，吟度玉關秋。
勝處千場醉，勞生萬事浮。
王公多雅故，思去共仙舟。

在仲淹心中和筆下，這西北塞外風光，眞是勝賽江南，哪裡還有一點點他剛至塞上時所見寒煙落日、羌管悠悠的蕭殺蒼涼?·這裡也許包含有仲淹對於邊關風光在記憶和想像中的理想化、詩意化，但這其中蘊含的對於邊關那一方土地的熱愛，卻是眞切可感的。

賢者進而天下安寧

仲淹、韓琦終於應召赴闕，至京師到任。到京不久，仲淹又由樞密院入中書，進參知政事。

仲淹這一次應召赴闕，是應該可以大展宏圖，成就一番更大的事業的。這不僅僅是因爲他以樞密副使入中書參知政事，已經事實上位列執宰，而且，這一次朝廷執政大臣可以說來了一個大換班。呂夷簡去職之後，新任相職的是晏殊、章得象、杜衍任樞密使、韓琦、富弼爲樞密副使。這些當朝執政者，可以說大體都是當時堪稱賢明之士。晏殊當時已名滿天下，且與仲淹有師友之誼。章得象雖史稱其任相職期間「無所建明」，但就其爲人而言，應該還是相當不錯的。《宋史》載，他「在中書凡八年，宗黨親戚，一切抑而不進。」任相職不久，他「章十上請罷」，仁宗不得已而「許之」。說明他也並不是一個全無原則且專權貪位的人。杜衍則是仲淹非常尊敬的人，仲淹「嘗父行事衍」。《宋史》稱他「好薦引賢士，而沮止僥倖。」慶曆新政失敗後，仲淹、富弼受到來自各方面的攻擊，仁宗也有罷仲淹、富弼政事的意思，「衍獨左右之。」

諫官職任也有了新的調整，歐陽修、蔡讓、余靖、王素等人被任命爲諫官，時稱「四諫」，亦譽之「四賢」。

歐陽修知諫院。歐陽修是北宋文壇的領袖人物，蔡襄是宋代最爲著名的書法家，余靖在景祐中仲淹遭朋黨之災被貶時也因直言反對而被逐。王素是北宋名相王旦第四個兒子，《宋史·王素傳》記，西北邊事日熾，「適皇子生，（帝）將進百僚以官，惠諸軍以賞。」王素不同意這種作法，以爲應該「留爵秩以賞戰功，儲金繒以佐邊費。」宦官王德用向皇帝進二女子，王素建議皇帝將她們從自己身邊遣開，皇帝捨不得，說是兩個人已經侍奉自己左右很久了。王素直言道：「臣之憂正恐在左右爾。」這也是一個敢於犯顏直諫的人。北宋時期，諫官是一個重要職務，在政治生活中起著不可小覷的作用。它與御史台丞合稱「台諫」，有權就任何朝廷大事發表意見，並對宰執大臣以至皇帝的不當加以諫止。

應該說，這一次從宰執大臣到言路諫官的重新調整，確實符合朝野那些憂國憂民者的願望，也確實爲仲淹能實現自己青年時代就已成之在胸的改革朝政，以富民強國的理想，創造了一個良好的條件。我們今天把得能者而用之，看成是使一個企業、一個地區乃至我們民族得以興旺發達的一個重要因素，我們把即將到來的二十一世紀稱做人才競爭的世紀。其實，哪一個民族在他興旺發達的時期，不是人才濟濟並能得而用之呢？賢者用而宵小退，是天下得治的一個先決條件。

古今一理，概莫能外。在仲淹、韓琦等人應召赴闕之後，蔡襄一次向仁宗論及這一次的朝臣調整，就談到朝廷進用仲淹、韓琦等人，士大夫們乃至庶民百姓都爭相應和，飲酒歡呼。這種情況表明，這並不僅僅祇是某一兩個人的進退使然，而是它顯示了當國者取捨邪正的明確態度，退邪而及於其朋比，進正而不捨其同類。進者全爲賢正，退者盡皆佞邪，天下也就安寧了。

魔、道相爭

蔡襄的話不錯。

不過，事情似乎也並不那麼簡單。事實是有進者必有被退者，這進退之間也必然會劃出一道壁壘分明的陣線。從個人的角度看，也必然是幾家歡喜幾家愁了。對於不以仕祿出的誠信君子來說，也許不太在乎這進退之間的得失利害，進不一定喜，退亦不一定愁。但對於貪圖名位、獵逐祿利的奸佞宵小來說，情形便完全不同了。他們常常並不會從自我省察來尋找自己被黜退的原因，更不可能從國家發展富強的需要將自己的被黜退看成是一種必然。相反，他們會把自己由絕不情願的廢退而起的一腔怨恨，全部無來由地傾瀉到得以進用者的身上，他們處退而不甘，常常在無可奈何的退處中窺伺等待且積極謀劃，多方鑽營，捕捉戰機，千方百計地要奪回他們絕不願意失去的一切。

政治鬥爭當然絕不是個人之間的恩怨之爭。但政治鬥爭也總是具體化爲各自利益集團的代表者之間的殊死相爭，這卻也是一個不爭的事實。俗話說，「賊是小人，智過君子。」還有，「智者千慮，必有一失。」這兩下相佐，得以進用的賢士君子，常常會在不期然之中受到致命的打擊，以至事功不成，自己也空留一腔悲憤無處訴說。魔、道相爭之中，確實常有因魔高一丈而道之被毀的事情發生。雖然從終極結果來看，終歸有「邪不壓正」，但具體到一時一事，許多時候又是不好一概而論的。

即如仲淹、韓琦的這一次應召赴闕，表面上看來確實是又有了一個讓他們大展宏圖的條件，而從另外的角度看，似乎也是一開始就埋下了不會那麼順利的種子。比如以夏竦爲首的被退一黨，從一開始就對杜衍、仲淹、韓琦等人心存惱怒，而且目標確定之後就積極謀劃著伺機出擊。這裡的直接原因，是任命給杜衍的樞密使之位，原來是任命給夏竦的。此前夏竦由陝西召回判知蔡州。他在被解除陝西經略安撫使的職務時，就曾被任命爲樞密使，由於呂夷簡的反對，才判知蔡州。夷簡因病求退，為消除舊怨，向仁宗推薦了他。召夏竦為樞密使的任命下達後，遭到來自朝野內外很多人的反對，說他任邊帥期間辦事不力，膽小畏縮，一無建樹，且有暗交內侍的形跡。於是夏竦由蔡州改知亳州，杜衍由樞密副使擢為正使。

夏竦是一個貪戀祿位之徒。遭此打擊，自然不願意也不會善罷甘休。知亳州時他就上萬言書以白辯，他的自辯被批上「圖功效莫若罄忠勤，弭謗言莫若修實行」駁回。這等於是指責他祇以功名為念而缺乏實實在在的勤勉務實。夏竦自然是怨惱交加。知亳州期間他與內侍宦官藍元震相互勾結，遙相呼應，裡應外合，祭起朋黨這把刀子，以杜衍女婿蘇舜卿等人「進奏院祠神事件」為由，從得仲淹等人推薦的人開始，直到仲淹、富弼以及歐陽修等，一一打倒，致使由仲淹主持轟轟烈烈開始的北宋歷史上著名的「慶曆新政」，在不到一年的時間裡就全部付之東流。

夏竦這個人，無論如何都不能算是一個正人君子，而且，官聲也實在不好，是一個多詐而遭人恨的人。魏泰《東軒筆錄》卷九載，夏竦死後，有人說，夏竦多詐，現在也終於死了。仁宗聽了這話，也似乎有些不放心，親自以澆奠的名義到夏竦家裡，命宦官「去竦面幕而視之。」剖棺與去面幕，是古代君主疑死者不實而加之的一種性質相同的方式，時人以夏竦得受為報應。儘管如此，又能怎麼樣呢？畢竟又是小人得逞而賢士遭黜，剩下的也祇能是徒喚奈何。仲淹在慶曆五年正月罷參知政事知邠州兼陝西四路沿邊安撫使，在謝表中就說自己「進登二府，參預萬機。議刑賞則不避上疑，革僥倖則多招衆怨。心雖無愧，跡已難安。」無奈之中，大約也祇能求一個問心無愧了。中國歷來有官場險惡的說法。對於一心為國為民而不避招怨的賢士君子來說，這險惡除來自政治鬥爭常常表現為一種你死我活的殘酷之外，許多時候，大約也與歷來官場宵小不絕的現實有著極大的關係。

「慶曆盛德頌」

對於仲淹來說，他將要主持進行的期以國強民富的政治改革，還沒有開始就潛藏下來的危機，還不僅僅祇是來自外部必有的阻撓與攻擊。事實上，內部擁護者由某種簡單的政治熱情催生出的一些不明智的行爲，也爲這場即將進行的改革「準備」了可能的危機。而且，從某種意義上看，這種危機比來自外部的攻擊更有危害性也更加可怕，因爲它既是一種激發反對者強烈對抗和猛烈攻擊的催化劑，同時，出於某種政治熱情的不明智行爲，也是最容易予反對者以口實因而也是「防線」最容易被撕裂的環節。它有如一枚枚放置在堡壘內部，且不斷地蓄積著能量的「不定時炸彈」，一旦引爆，會很容易就造成全面的崩潰。

慶曆三年四月，時任國子監直講的石介就仲淹、韓琦等人被委以重任，應召赴闕，作了一篇《慶曆聖德頌》。這是一篇充滿了一個文人學士的政治激情而不暇顧忌之作。頌中對仲淹、富弼這一派新獲政要的人物一一讚頌備至。頌中讚仲淹：

> 惟汝仲淹，汝誠予察。
> 太后乘勢，湯沸火熱。
> 汝時小臣，危言嶪嶪。

為予司諫，正予門闌。
為予京兆，堲予讒說。
賊叛予夏，往予式遏。
六月酷日，大冬積雪。
汝寒汝暑，同予士卒。
予聞辛酸，汝不告乏。

頌中還有「惟仲淹弼，一夔一契」之語，將仲淹、富弼比作舜時掌管禮樂教化，輔佐舜帝以安天下的古代名臣夔、契。同時，頌中對本來已被任命為樞密使而遭諫罷知亳州的夏竦則「尤極詆斥」，頌中有「大奸之去，如距斯脫」句，是說夏竦被罷去樞密，就如被砍去了爪子的公雞。頌中甚至把夏竦之去稱作「手鋤奸枿」，是「昆蟲蹢躅，妖怪藏滅」。實可謂是「褒貶甚峻」。

這也符合石介的個性。從《宋史·石介傳》及宋人筆記中的零星記載看，石介也確實是一個書生氣十足的學者，好作怪論也好為偏執之語。他研究唐史，有一部《唐鑒》。《唐鑒》中借唐代佞臣、宦官、宮女鈎古諷今，「指切當時」而毫無顧忌。《儒林公議》卷上載，「楊億在兩禁變文章之體」，與劉筠、錢惟演等「更相屬和」，億「編叙之」並題爲《西昆酬唱集》，時人謂之「西昆體」。石介很看不慣，「嘗作怪說詆億」，謂億是「刓鐵聖人之經，破碎聖人之言，欲盲聾天下耳目」。說自己學聖人之道，有攻之者則不可以不反攻，「譬諸盜入主人家，婢尚爲主人撥戈持矛以逐盜，死且不避，豈至是耶！」

這其實也是一種過於情緒化的偏激之論。相對於個人處世甚至爲學而言，這種情緒化的偏激也許並無大礙，但如果將這種情性帶入複雜的政治生活領域，則往往難以避免地會招致悲劇性的後果。《東軒筆錄》卷九載，石介這篇頌寫出，他的老師，當時「退隱泰山，著書不仕」的孫復讀到，即斷言：「子之禍自此始矣。」「慶曆新攻」失敗，石介也被指名貶黜，通判濮州，病卒於赴任途中。死後夏竦一黨也不肯放過他。石介死時恰逢山東舉子孔直溫謀反，夏竦一黨以有人說孔曾經從學於石介爲由，據此疑石介詐死隨孔直溫出逃，因而一定要發冢剖棺「以驗虛實」。最後由石介的學生及鄉族數百人具結作保才得免。

「介詩頗爲累焉」

應該說，石介《慶曆盛德頌》中對仲淹的這些讚詞還是很實際的，比如說仲淹在章獻聽政時以微祿小臣而不懼權勢危言危行，比如說他任諫職時直言進諫，力求皇帝「正門闌」，避讒說，比如說他出任邊帥不避寒暑，與士卒同甘共苦爲國分憂，這些都既是實情，也符合仲淹的爲人。這首頌詩，自然也是出自作者對於貪圖祿位任事不力者的嫉惡如仇，和對於以天下爲憂不計得失者的傾心讚佩。但是，客觀地看，這其中也不乏某種僅僅出於個人政治激情，從而將複雜的政治鬥爭情緒化的簡單和偏執。比如頌討中對於自己不予接受的夏竦流於謾罵而無濟於事的詆斥，就帶有一種明顯的不無偏執的個人意氣和情緒化色彩。這種情緒化，甚至使作者採用了一種不恰當的形式，比如頌詩全用皇帝口氣，這顯然是有欠思慮的。

重要的是，由這種偏激所帶來的並祇是一種個人的悲劇。無論出於一種怎樣的直誠，這種導源於單純政治激情而過於情緒化的褒貶和詆斥，除起到一點宣洩個人政治情感和在言論上有　點揚善抑惡的作用之外，對於事功實際並無一點補益。相反，它給被褒揚者帶來的麻煩，實際上會遠遠超過這褒揚所能帶來的正面效應。這種偏激也許確實出於　種維護正義的剛正不阿，但實際的政治運作事實上並不能僅憑一股維護正義的剛正之氣來取得事功。《儒林公議》載，「范仲淹、富弼初被進用……時山東人石介爲國子監直講，撰《慶曆聖德詩》以美得人，中有『惟仲淹、弼，一夔一契』之句，氣類不同者惡之若仇。未幾，謗訾群興，范、富皆罷爲郡。介詩頗爲累焉。」慶曆新政失敗，范、富被罷，當然不僅僅是因爲有石介的這一篇頌詩，而且主要也不是因爲這一篇頌詩。但因這篇頌詩的過分偏激而引起氣類不同者對被頌者「惡之如仇」，以至招來謗訾或授他們以謗訾的口實，被頌者爲其所累，卻也是客觀存在的事實。事際上，作爲一個已經經歷了幾起幾落的政治風波的政治家，一開始仲淹就看到了這篇頌詩可能帶來的負面影響。還是在赴京途中，仲淹一讀到這篇頌詩就對韓琦說：「這種人實在是祇能壞事。」

從更高的層次上看，這種人的「壞事」，還不僅僅在於由他們的偏激和不愼所帶來的牽累。從本質上看，這種由簡單而帶來的偏激，其所掩蓋的其實是一種僅僅出於堅持和維護某種政治信仰或政治理想，並把這種信仰或理想定於一尊的趨於極端的偏執。一個人沒有信仰和理想無疑是一種缺陷，但如果一個人偏執於自己的信仰或理想，且一定要將這種理想定於一尊，以至任其膨脹爲一種帶有自我欣賞特徵的，類似唯我爲大，唯我正確的「自戀情結」，其後果一定是陷入一種要徹底乾淨地排除異己的無情打擊和殘酷鬥爭。對於人類自身的生存發展而言，這種後果終歸是十分可怕的。許多時候，這種爲排除異己而進行的殘酷鬥爭，要麼祇是完成帶有某種專制色彩的強權的確立，要麼引發更加殘酷的你死我活的爭鬥，而對於社會的進步與發展，對於政治的昌明與穩定，並不能起到一種積極的作用。

而且，從某種意義上看，這種僅僅出於某種政治信仰或政治理想而趨於一端的偏執，以及由這種偏執所帶來的可怕的後果，與這種信仰或理想本身是否是有缺陷的或幼稚的，並沒有太大關係，即使這種信仰或理想確實是正確的，且能夠代表社會發展的趨向，如果不能在具體社會現實條件下與踏踏實實的理性原則相應合，如果不具備一種根植於理性的寬容，而不幸一定要從自己的信仰和理想出發去橫掃一切，最終的結果仍然是十分可怕的。這就正如我們堅持唯物主義，信仰無神論，但我們不能就此要求這個世界上的所有人都接受唯物主義並信仰無神論，更不能據此而一定要將這個世界上已經存在的其他別的信仰比如宗教都一掃而光。假如我們不幸偏執到這種地步，那麼，這種信仰無論多麼具有眞理性，由此而帶來的後果，一定祇能是給人類自身發展帶來災難性的破壞，其性質與人類歷史上曾經有過的許多次宗教戰爭並無二致——通向地獄的道路，許多時候是用關於天堂的理想鋪就的。

正因爲如此，冷靜而明智的政治家們一般來說都會比較審愼地對待這種人。《東軒筆錄》記，仲淹入參知政事時，余靖、歐陽修等人力薦石介爲諫官，「而執政亦欲從之」，獨仲淹卻說：「石介剛正，天下所聞，然性亦好奇異。若使爲諫官，必以難行之事責人君以必行。少拂其意，則引裾折檻，叩頭流血，無所不爲矣。主上雖富有春秋，然無失德，朝廷政事，亦自修舉，安用如此諫官也。」仲淹對石介應該說還是比較愼重的。

慶曆新政

仲淹有一篇四六體的《任官惟賢材賦》，賦中說：「官也者名器所守，賢也者才謀不群。當建官而公共，惟任賢而職分。人則論道經邦，帝賚之猷允著；小則陳力就列，家食之嘆無聞。王者臨萬邦之民，列百揆之職，將政理而有截，故掄才而不貳。」這裡所說，雖主旨在擇人惟賢，用人惟能的用人之道，但聯繫仲淹爲人處世，我們也能從這裡看到他不屑家食之嘆而望陳力就列，論道經邦的追求。

答手詔條陳十事

無論如何，仲淹是有了一個能夠成就一番更人事業的機會了。

也許是因爲意識到的危機，也許是因爲幾起幾落的宦海浮沉留下的記憶太深，仲淹此次參決朝政。似乎也謹愼了許多。入京不久，原參知政事王舉正以懦弱不能任事而受到諫官要求罷免的彈劾，仲淹被舉接替王舉正的職務。仲淹以執政不當以諫官之言得進爲由，不肯就職。推辭不過無奈就職之後，開始相當一段時間，他除每天依例與兩府官員一起處理尋常公事之外，既無建言，也無大的舉措，連擁護他的人對他都有些失望了。因仲淹之薦授集賢校理監進奏院的蘇舜卿就曾直接上書仲淹，對他的不敢有所作爲直言不滿。

不過，無論是就仁宗一朝所面臨的現實而言，還是就一個胸懷先憂後樂之志的政治家的爲人而言，都不能允許仲淹無所作爲。北宋自太祖立國至仁宗慶曆，已歷八十餘載，西北邊患不斷，國內政治支絀，「綱紀制度，日削月侵，官壅於下，民困於外」，積貧累弱的衰敗之相已經開始明顯見出。特別是慶曆三年，邊事未寧，國內又有王倫在山東、張海在川、陝、鄂交界處相繼起義，所經州縣幾乎都是沒有任何抵抗的如風掠過，歷來是守土有責的州、縣官吏，有的不戰即潰，作鳥獸散，有的則乾脆迎之入城，軍資甲仗、金銀絹帛任隨掠取，將仁宗一朝吏治腐敗，政治不修的弊端暴露無餘。實在是「不可不更張以救之」了。

慶曆三年九月，仁宗在天章閣召見仲淹、富弼，「賜坐，給筆札，使疏於前」，請他們就朝政興革提出自己的主張。天章閣爲真宗所建，真宗死後主要用於收藏他的文稿手跡，沒有待制、侍講，屬於內禁重地，還從來沒有在此延見過朝臣。仲淹、富弼這一次被召見，不僅優隆有加，而且極其鄭重，確實顯示了仁宗寄重望於仲淹、富弼等新進宰輔大臣，希圖借助他們以求中興的誠意。這一次的鄭重召見，引出了仲淹那份著名的《答手詔條陳十事》，也引發了北宋那場著名的史稱「慶曆新政」的政治改革。

仲淹答手詔條陳十事爲：

一曰明黜陟。為重定文武百官磨勘，將以約濫進，責實效，使天下政事無不舉也。

二曰抑僥倖。為重定文武百官奏蔭，及不得陳乞館閣職事，將以革濫賞、省冗官也。

三曰精貢舉。為天下舉人，先取履行，次取藝業，將以正教化之本，育卿士之才也。

四曰擇長官。為舉轉運使、提點刑獄並州縣長吏，將以正綱紀，去疾苦，救生民也。

五曰均公田。為天下官吏不廉則曲法，曲法則害民，請更賜均給公田，既使豐足，然後可以責士大夫之廉節，庶天下政平，百姓受賜也。

六曰厚農桑。為責諸道溝河，並修江南圩田及諸路陂塘，仍行勸課之法，將以救水旱，豐稼穡，強國力也。

七曰修武備。為四方無事，京師少備，因循過日，天下可憂，請密定規制，相時而行，以衛宗社，以寧邦國也。

八曰減徭役。為天下徭役至繁，請依漢武故事，並合縣邑，以省徭役，庶寬民力也。

九曰覃恩信。為赦書內宣布恩澤，未嘗施行，並請放先朝欠員，以感天下之心也。

十曰重命令。為制書（疏）忽而行違者，請重其法，以行天子之命也。

得人則治，失人則亂

仲淹所進十事，撮其大要，大體也就是三個方面的內容。即：

第一，改革官制，進用賢能，以求吏治整肅；

第二，嚴肅綱紀，修明法令，以責官員實效；

第三，寬民使富，修武強兵，以使國家安定。

三個方面，以改革官制，進用賢能為核心。

應該說，仲淹所陳十事，確實抓住了北宋真、仁以來政治積弊的要害。例如宋代百官磨勘及蔭補制度，就是造成北宋吏治腐敗、政事不舉的關鍵所在。北宋官制，文官三年一遷，武官五年一遷，不限內外，不問勞逸，也不管有無政績，即使愚暗鄙猥，人莫切齒之徒，只要年限一到，也可得到加官進秩，以至「坐至卿、監、丞、郎」。致使無為不肖素餐尸祿者歷歷皆是，而那些真正「思興利去害而有為」者，反而被指為生事，遭到妒忌譏笑，「稍有差失，隨而擠陷。」一朝一代，吏治腐敗到如此地步，豈有朝綱不隳之理！

除磨勘之外，宋代還有官員蔭補制度。所謂蔭補，即官員子弟以恩蔭得官，也稱「任子」。這樣一種官制。古已有之，如漢代官員品級在二千石以上者，子弟都可以恩蔭得官，封爵而歿者，則可有一子襲爵。這一制度，在真、仁兩朝濫到極至。台省官員自少卿、監等六品以上者，其他官員如諸路提點刑獄等五品以上者，每遇三年舉行一次的南郊大禮，或皇帝萬聖之賀，都可以奏請朝廷，蔭封其子孫。這樣一來，假如任學士以上官職二十年，一家兄弟子孫出任京官甚至可達二十人之多，而且這些人任官之後還可「接次陞朝」，不出意外，眞正是可以一人得道，雞犬升天，且子子孫孫，爵祿不斷，無窮匱也。還有致仕恩澤和遺表恩澤。官員退休、死亡，也可以請求蔭補，眞宗宰相王旦歿，連他的門客、常從都被授了官。如此濫授恩蔭，朝廷內外大小官員的普遍素質，也就不問可知了。

一個國家，一個朝代，得人則治，失人則亂，這當是不易之理。唐劉禹錫有一首《金陵懷古》，詩云：

潮滿冶城渚，日斜征虜亭。
蔡州新草綠，幕府舊煙青。
興廢由人事，山川空地形。
《後庭花》一曲，幽怨不堪聽。

這裡的「興廢由人事，山川空地形」，當是一個詩人對歷史演進規律的一種深刻的哲理感悟。同樣的意思，與范仲淹同時代的歐陽修在他的一篇名文《伶官傳序》中也做了幾乎是同樣的表達：「盛衰之理，雖曰天命，豈非人事哉！」范仲淹曾將那些愚暗不肖，既無能也不思有爲而素餐屍位者，稱之爲「天之螟」、「民之螣」，實在是很有道理。一國之政，只有賢者在位，能者得用，才能百姓得安。而百姓得安方有百姓樂從，百姓樂從方有人和政通，人和政通則才能真正天下大治。從這一角度看，仲淹要求打破磨勘之法，革除恩蔭之濫，要求不計年資，慎選州縣，唯才是舉，將功論進，以求賢者在位，能者得用，這正顯示出他作爲一個政治家的深遠眼光。

慶曆三年十月開始，仲淹所陳十事，均由朝廷相繼頒布實施。仲淹從青年時代起就盼著能有賢者在位，革久安之弊，杜致亂之源，求國家興盛而與天下同其安樂，到此時似乎眞的有望成就了。

改革官制

「慶曆新政」也就由改革官制拉開了帷幕。

十月，仁宗下令中書省、樞密院重新擬定磨勘之制，重定宗旨即革除僅憑年資授官進秩的弊端，要求以實際德能勞績爲官員升遷的依據，德能兼備而有實績者可「不次升擬」，而無能亦無所稱者，可至老不遷。

十一月，根據仲淹的建議，對蔭補之法也作了修改，對可得蔭補者任職年限、官位品級、可奏蔭補的相應職銜以及被奏補子弟的年齡、數量都作了重新規定，而且特別強調，所有得奏蔭補的人都必須參加相應考試，「內及格者，方與差遣。」若「三度就試，詞業紕繆，對議不及格」，則「不理選限」。宗旨即控制以恩蔭濫補。

與此同時，仲淹還奏請朝廷派人主持重新刪定審官院、三班院和吏部流內銓銓選官員條例。這三個院、部是主管官員銓選的重要部門。審官院負責京官銓選，三班院負責武官銓選，吏部流內銓則負責幕職州縣的銓選。北宋自立國以來，文武官員的考察、任用規制幾十年間有過幾次變化，舊例不廢，新例又增，條例既多且亂，就連這些部門的主官都不一定弄得明白，爲官員銓選過程中的徇私任情留下很多漏洞。仲淹以爲這種混亂必須從速整頓，要有得力人選負責，會同各部門主管官員，對這三個衙門前後發出的所有條例進行徹底清理，重行刪定劃一。慶曆四年春，曾公亮被任命負責此項工作。曾公亮確實是一個很得力的人。史載他任知縣、知州時，所到之處均爲政有聲。熙寧時他與王安石同列宰執，是王安石變法的得力支持者。

「慶曆新政」就以這一系列的改革措施爲發端，轟轟烈烈地展開了。隨著磨勘和蔭補制度的重新修訂，也開始了郡守、縣令的考察和選任。早在天聖五年仲淹丁憂南京冒哀上書執政王曾時，就提出過愼擇郡、縣以救時弊的主張。仲淹以爲，郡、縣爲親民之官，其是否得人，直接關係到生民疾苦。郡縣不擇，容非才貪濁、老懦無能者在位，或貪贓枉法，或不堪其任，以至天下「賦稅不均，獄訟不平，水旱不救」，造成士民起事，自圖生存，實爲致亂之源。他建議朝廷派出能吏任爲轉運使、提點刑獄，到各路逐一考察地方官員的德能勞績，將那些胡作非爲或老病昏昧者盡行罷除。

三年十月，根據仲淹建議，朝廷任命張昷之、王素、沈邈爲都轉運按察使，分別派往河北、淮南、京東三路，行考察官吏之事。張昷之曾提點淮南刑獄，不懼受皇帝信任的亳州知州楊崇信的威勢，將被他恃恩不法誣陷入獄的蒙城知縣王申解救出獄。王素曾直言諫止仁宗爲慶賀得子而要進秩百官的動議，傳爲佳話。沈邈曾任侍御史，在諫官歐陽修等諫罷夏竦樞密使的任命時，他也是一個積極的參與者，並曾直接上書仁宗，指斥夏竦與宦官劉從愿相互勾結，外傳機密，陰爲詭詐，企圖擅權朝政。這三位都是敢於仗義直言，不懼權勢的人，而且也是仲淹改革官制，以絕非功授官之弊的積極擁護者。

仲淹是準備對積弊已久，運轉日趨滯澀的北宋官制大動「手術」了。他甚至親自檢理全國監司一級官員名單，將那些任事不力的轉運使、提點刑獄等朝廷大員一一勾除，決心盡皆撤換。如此大動干戈，連富弼都覺得有些不妥。他對仲淹說，這些人你如此揮筆勾去自然容易，但這些被勾去的人一家家可都要哭了。但仲淹卻是管不了那麼多了。他對富弼說：「一家哭總比一路哭好啊！」

一家哭與一路哭

仲淹所求，自然在於要以那些屍位僥倖之徒的丟官失祿之「哭」，換來一方生民百姓的安居足食之樂。無論如何，爲官不正或爲官無能，貽害一方，首先也是最直接的受害者，總是那一方土地上的生民百姓。這樣的官吏越是官位穩坐而無虞，那一方土地上的百姓就越是水深火熱而堪憂。只爲他們能一家安享祿利民膏而晏樂常有，萬家墨面也就祇能徒喚奈何，或哀泣動地了。

《書》曰：「德惟善政，政在養民。」幾千年前由先哲道出的這八個字，實實在在提出了一個衡量一種政治之好壞如何、昌明與否的終極標準。爲官不正或爲官無能，民不得養以至千家鬼哭，萬戶蕭疏，這樣的政治要想不隳不毀，那才眞正是怪事了。從這個角度看，仲淹的「一家哭總比一路哭好」，放到任何一個時代，都可謂不刊之論。

而且，從本質上看，任何一種社會政治的改革，都是一種社會權力的再分配，因而也是一種社會利益的再分配。一種趨近於符合社會發展要求和大多數人利益的改革，總是以剝奪少數既得利益者的權益爲前提的。不能設想還有一種可以保持原有秩序的改革。因此，任何一種改革也必然會是有歌有哭的——那些祇爲一己私利貪占祿位的人，怎麼可能不哭呢？縱觀歷史上的任何一次改革，在得到一些人的擁護的同時，也都無一例外的會遭到另一些人堅決的，有時甚至還是十分激烈的反對，原因也大約正在於此。

不過，仲淹在如何推行自己的政治改革的問題上，是否也因求治心切而有些急躁冒進了呢？

事實上，仲淹所面對的並不祇是幾個或一批不堪任事的無能官吏，而是一個龐大的封建專制政體。他所勾去的那些個讓「一路哭」的官吏，本身就是支撐這個政體的不可缺少的部分，而所謂磨勘，所謂恩蔭，本身也是維持這一個政體能夠運行的方式之一。我們自然不能要求仲淹能夠從這一角度來看待他所要進行的改革。但是，他至少應該看到，北宋一代，數十年積弊，一朝興革，實在不是晨夕之間所能成就。俗話說，病來如山倒，病去如抽絲。社會痼疾的形成，本來就是日積月累，自然也就不能奢望一朝一夕就能盡皆得到醫治。往大處看，社會歷史前進的軌跡本來就是曲曲折折的，歷史的車輪也祇能沿著這曲折的軌跡運行，不能急躁，更不能冒進，弄不好，會脫軌翻車。往小處看，人世間的許多事情，本來也是急不得的，譬如飯要一口一口地吃，我們都不能一口吃出一個大胖子。孔子說：「欲速不達。」孟子說：「其進銳者，其退速。」說的都是這個道理。

依情理而論，仲淹自然是絕不會不明白這個道理的。祇是就事論事，他也確實是因爲求治心切而忽視了這一場改革新政將會引發的危機。《資治通鑑長編》卷一百五十慶曆六月條云：仲淹「以天下爲己任，遂與富弼日夜謀慮，興致太平。然規摹闊大，論者以爲難行。及按察使多所舉動，人心不自安；任子恩薄，磨勘法密，僥倖者不便，於是謗議浸盛，而朋黨之論滋不可解。」這裡所說的「不自安」者，其所涉及，自然是可以具體分析的。事實上，那些所謂的「不自安」者，其實大都是那些可能被朝廷派出的轉運按察使彈劾罷官的官吏。但是，這裡所說的仲淹所行興事「規摹闊大，論者以爲難行」，卻是客觀的。事實是這一場轟轟烈烈開始的慶曆新政從慶曆三年十月至四年八月止，不到一年時間，就在朋黨之論的攻擊下，以仲淹罷參知政事，富弼等被貶出京師而宣告結束。而且，前面已經實行的那些改革，也隨著這些新政中堅的罷去而一併罷去，一切又都大體恢復原樣——眞應了孔、孟所言：「欲速不達。」「其進銳者，其退速。」

乞罷參政，自請巡邊

慶曆四年八月，還在新政正緊鑼密鼓地進行著的時候，仲淹上奏朝廷，請求罷參知政事再度出守西北邊關。

仲淹繫情於邊關而不能釋懷，自然是他這次自求外放的一個重要原因。五月，西夏對宋稱臣，宋接受了西夏的議和請求，但與此同時，契丹與西夏交惡，契丹國王親率十萬大軍征討西夏，駐兵雲州（今山西大同）、朔州（今山西朔縣），並要求宋與西夏絕交。西北局勢的這一變化，使仲淹十分不安。他擔心契丹、西夏不守盟約，乘宋無備發起突然襲擊。僅契丹就擁兵十萬，而宋河東路則是兵少將寡，不堪一擊，實在不能無憂。再加上西北邊關秋防在即，也確實需要有人經畫其事。仲淹以爲，若說「鎭彼西方，保於無事，」則不敢妄言，但自己久居邊塞，熟悉邊情，與邊關將士同心協力，亦可望能禦防敵寇深入之虞。

這祇是一個方面的原因。

還有一個原因則是仲淹這時已經明顯感到在京師無法自安了。朋黨之論又在朝野內外悄然興起。這把曾使仲淹被誣遭貶的刀子，這一次是被諫罷樞密使知亳州的夏竦重新祭起的。《續資治通鑒》卷四十六慶曆四月戊戌條載，「初，呂夷簡罷相，夏竦授樞密使，復奪之，代以杜衍，同時進用韓琦、富弼、范仲淹在二府，歐陽修等為諫官，石介作《慶曆盛德詩》，言進賢退奸之不易。奸，蓋斥夏竦也，銜之。而仲淹等皆（歐陽）修所厚善，修言事一意徑行，略不以形跡嫌疑顧避。因與其黨造為黨論，目衍、仲淹及修為黨人。」夏竦勾結內侍藍元震，「……使內侍藍元震上疏，言：『范仲淹、歐陽修、尹洙、余靖，前日蔡襄謂之四賢。斥去未幾，復還京師。四人得時，遂引蔡襄以為同列。以國家爵祿為私惠，膠固朋黨，遞相提挈，不過二三年，布滿要路，則誤朝迷國，誰敢有言。』」

以仁宗這樣一個「肩胛」軟弱而缺少決斷的人，自然難以不受這些流言的蠱惑。《涑水記聞》卷十載，慶曆四年四月，仁宗與執政們就有過一次關於朋黨問題的討論。仁宗直接問到仲淹，以爲自古祇有小人會結成朋黨，惑亂朝綱，難道君子也有朋黨嗎？范仲淹直言以對：「方以類聚，物以群分。自古以來，邪正在朝，未嘗不各爲一黨，不可禁也，在聖鑒辨之耳。誠使君子相朋爲善，其於國家何害？」

幾年前，仲淹第一次遭朋黨之災貶出京師時，歐陽修曾作名文《朋黨論》以辯，文中歐陽修證之史實，甚至直言「小人無朋，惟君子則有之。」肖小之人所貪者名位，所趨者祿利，在有共同的利益追求時，他們可以暫相黨而引以爲朋，但或見利而爭先，或利盡而交疏，則又必然是自相殘害，「雖其兄弟親戚不能相保。」又哪裡會有眞正的朋黨！而君子則不然。他們「所守者道義，所行者忠信，所惜者名節」，君子以同道而相益，因同心而共濟，且進退不移，終始如一，自然也祇有眞正的君子才會有眞正的「朋黨」。而君子之朋的和衷共濟，也正是國之能興的保證。因此，人君的責任不在於禁絕朋黨，而在於「辨其君子與小人而已」。

仲淹給仁宗的回答與歐陽修的辯論同出機杼，而且確實不無道理。但道理歸道理，現實歸現實。現實是仁宗這一次與執政討論朋黨之說，本身就是一個信號，以仲淹之智，他也不可能不覺察出這是一個信號。

從歷史上看，朋黨之論也確乎是打擊政治對手的一個有力武器。賢士君子無論怎樣以正色立朝，無論怎樣無私無畏，只要一被目為黨人，往往就會有口莫辯，且辯之也無補，一般來說免不了罷官貶放，甚至殺頭掉腦袋。如唐代李德裕，史稱「才大名高」，武宗時身任相職，力主削弱藩鎮，輔佐武宗討平擅自襲任澤潞節度使的劉稹，「獨立不懼，經制四方。」但一陷入所謂「牛、李黨爭」之中，便無力自拔也無法免禍，終至貶為崖州司戶，死於僻遠瘴癘之地。

新政「流產」

仲淹總之是越來越無法在朝廷安身了。隨著朋黨之論的漸漸興起，仲淹派出的轉運按察使也遭到來自各方面的攻擊中傷，有人指責他們對於各路官吏的查考約束太苛刻，致使人不得盡其才。甚至有人把派至江南的三個轉運按察使稱為

「三虎」，稱京東路轉運按察使沈邈手下四個得力能吏爲「四狼」。

與此同時，流言蜚語也指向了富弼，說是石介代富弼寫了廢立的詔書。據《續資治通鑒》卷四十六，流言之源也來自夏竦：「先是石介奏記于弼，責以行伊、周之事，夏竦欲因是傾弼等，乃使女奴陰習介書，久之，習成，遂改伊、周曰伊、霍，而僞作介爲弼撰寫廢立詔草，飛語聞上。」如此流言，自然更是十分可怕。據《續資治通鑒》，流言上達仁宗，仁宗雖並不相信，但仲淹、富弼已「不敢自安於朝」，他們無論如何是非離開朝廷不可了。慶曆四年八月，仲淹以參知政事出京宣撫河東，富弼也自求外放，以樞密副使宣撫河北。

兩位新政主將的離京，自然也意味著新政改革的自動流產。不過，事情還並沒有到此爲止。十一月，得仲淹之薦監進奏院的蘇舜卿與同僚按慣例舉行一年一度的賽神會，由於召女伎陪酒，御史王拱辰以此爲藉口，指使屬下提出彈劾，製造了一個牽連甚廣的大獄。受仲淹推薦的蘇舜卿、王益柔、章岷等十二人受到除名勒停的處分，隨後分別貶出京師。

客觀地說，王拱辰倒也確實並不屬於夏竦一黨，他原名拱壽，十九歲舉進士第一，也算是一個很有才華的青年士子，仁宗也十分賞識他，欽賜名拱辰。慶曆三年諫罷夏竦樞密使職，他也是很關鍵的人之一，他向仁宗直言：「當初夏竦經略西北邊無尺寸之功，而現在反而備位相職，如此何以服天下？」據說仁宗當時並不打算收回以夏竦爲樞密使的成命，王拱辰甚至作出了上前牽住仁宗衣裾督其接受諫言的極端之舉。據《宋史·王拱辰傳》，王拱辰之所以指使屬下彈劾蘇舜卿等人，是因爲「時杜衍、范仲淹爲政，多所更張，拱辰之黨不便。舜卿、益柔皆仲淹所薦，而舜卿，衍婿也，故因是傾之。」可見當一場社會政治改革觸及一些人的利益時，它可能遭到的反對會是多麼的激烈，即便那些本來曾經很能主持正義的人，在自己的既得利益可能受到傷害時，也會甘冒衆人非議而走到他曾經絕不願意與之爲伍的那一方的陣營中去。

這大約也是爲什麼任何一場重大的社會政治改革，都會無一例外地要遭到來自不同社會力量的不同程度的反對的一個十分重要的原因。任何一場社會政治的改革都既是社會政治格局的重新調整，也是一次權力、利益的再分配。因此，一些人即使理性上並不反對改革，但當他們的既得利益因爲改革而發生轉移的時候，往往也會不由自主地走到改革的對立面去。當然，在這樣一個關係社會發展進步的大是大非面前，一個人所取的最終的態度，自然也顯示著他的人格的高下。事實上，王拱辰也確實因爲這一次的主使彈劾蘇舜卿等人，從此「爲公議所薄」。

隨著仲淹、富弼的離朝，針對他們的所謂朋黨之論也更是日甚一日，連仁宗也「頗惑讒言」，以至「仲淹愈不自安」。慶曆五年春，仲淹上奏朝廷乞罷參政。據說仁宗接到仲淹乞罷參政的奏折即「欲聽其請」，時任執政的章得象說：「仲淹素有虛名，一請遽罷，恐天下謂輕黜賢臣，不若且賜詔不允，若仲淹即有謝表，是挾詐要君，乃可罷也。」仁宗依從章得象，仲淹也果然上了謝表，仁宗據此也相信了章得象的話。也正是這個時候，半年前宣撫河北的富弼事畢還朝，右正言錢明逸向仁宗進言，說富弼在朝廷更張紛擾，凡所推薦，多挾朋黨，而對不附和自己的人力加排斥，「與仲淹同」。於是，仲淹被罷去參加政事以資政殿學士知邠州，富弼罷去樞密副使知鄆州。不久，杜衍、韓琦也被罷去樞密使職，分別調知兗州、揚州。到慶曆五年三月，慶曆新政的籌劃者和支持者們幾乎全被逐出京師。

到這時，才眞正如王拱辰所說：仲淹一「黨」算是被一網打盡了。

「欲廣害良善，不過指爲朋黨」

朋黨之論能夠成爲予人以打擊的有力武器，個中奧妙，恐怕還是要從封建專制政體本身來探究。天子君臨於萬民之上，天下是他一己的天下，自然也就容不得臣下結成一體之盟。這種政體之下，爲臣者越是相互掣肘就越能相互制約，處於其上者也就越是安穩無虞。假若臣下眞的同道相濟，「遞相提挈」以至「塞滿要路」，他的君位君權也就自然要被削弱了。「爲天子者哪裡能容得了這個！所以，事實上他們並不管你是君子之朋還是小人之朋，自成朋黨總是不被接受的。

就具體政治權謀的運用而言，將政治對手指爲「膠固朋黨」、擅政專權，在這樣一種專制政體之下，也就自然是一種能夠迅速置對手於絕境的行之有效的手段了。仲淹、富弼被貶罷之後，當時任河北都轉運使的歐陽修上書朝廷爲仲淹等人辨誣。這份上書中有一段話，就對權謀者的這種伎倆，作了一番剖析。在歐陽修看來，自古奸佞小人讒害忠良的手段，其實都沒有太大的差別，「欲廣害良善，不過指為朋黨，欲動搖大臣，必須誣以顓（專）權。」之所以如此，原因也實在是十分的簡單：「去一善人，而衆善人尚在，則未為小人之利。欲盡去之，則善人少過，難為一一求瑕，惟指以為朋黨，則可一時盡逐。至如大臣已被知遇而蒙信任者，則不可以他事動搖，惟有專權是人主之所惡，故須此說方可傾之。」

歐陽修的這一番剖析，眞可謂是鞭辟入理，一語中的，慶曆中仲淹、杜衍等人所遭遇的情形，就是很好的證明。

事實上，說仲淹「膠固朋黨」，無論如何也祇能被看成是一種捏造。杜衍、富弼、韓琦等人自然是仲淹的同道，是仲淹政治上的支持者。當朝宰執大臣中，仲淹對杜衍一向尊重，「嘗以父行事衍」，而韓琦與仲淹也確實是相互敬服的至交，但就性情而論，杜衍「為人清審而謹守規矩」，韓琦為人「純正而質直」，富弼辦事「明敏而果決」，而仲淹則一向是恢廓自信而不隨。他們之間性情不同，對於政事的見解以及處理意見也不盡相同，只要涉及國家大事，相互之間自然也就常常是廷爭面折，互不相讓。比如滕宗諒受到仲淹的連襟，時任陝西四路馬步軍都部署、經略安撫使的鄭戩彈劾，說他濫用公使錢，杜衍主張嚴加治罪，但仲淹卻堅決不同意，連連上書爲宗諒辯解。比如契丹進攻西夏，仲淹以爲他們必會襲擊河東，要求朝廷向河東增兵，杜衍、韓琦都不以爲然，他們之間爲此在皇帝面前爭得面紅耳赤。再比如鄭戩主持陝西北軍事時派邊將劉滬、董士廉修築水洛城，韓琦以爲不必但仲淹表示支持。城未修完鄭戩去職，時任渭州節度使的尹洙命令劉滬、董士廉停工，劉滬、董士廉認爲「屬戶既集，官物無所付」，不僅沒有停工，而且加緊築城。尹洙大怒，下令將劉、董拘捕，「欲以違節度斬之」。韓琦支持尹洙，仲淹卻支持劉滬、董士廉，不僅上書將劉滬、董士廉釋放，還將尹洙調離了渭州。而尹洙一向是被視爲仲淹一黨的人。

凡此種，哪裡能以夏竦等人所說的朋黨論之？但即便如此，也不過就是一個「膠固朋黨，遞相提挈」，便一網打盡，一一罷除，眞正是欲加之罪，何患無辭！

證之歷史，越是世道衰微、天子無能的時期，越是易起朋黨之災。而且越是這樣的時期，朋黨之災的慘烈也越是讓人咋舌。東漢末年桓、靈二帝時，宦官專權。爲翦除異己，將李膺等數百名士子目爲黨人，盡皆拘捕，或殺頭，或流放，鑄成了歷史上著名的「黨錮之禍」。唐哀帝時，宰相朱全忠擅權謀逆，僭殺裴樞等七名大臣，用的也是黨人的罪名。這七名朝中名士不僅慘遭殺戮，甚至還被投屍黃河，說是：「此輩清流，可投濁流。」

之所以如此，恐怕就在於無能的天子，越是處在岌岌可危的時期，越是擔心自己的君位不保，也就越是忌諱朋黨之盟，因而也越是容易被那些圖謀不軌者所利用。從歷史上看，北宋幾代皇帝就整體素質和對臣下的寬仁信任而言，似乎比其他朝代都要高，這可以從如晏殊、范仲淹、歐陽修、文彥博、梅聖俞、王安石、司馬光、以及蘇軾兄弟等文士都曾經得到重用的事實看到，也可以從北宋歷朝諫官朝臣大體都敢於放言朝政的情況看到。就仁宗而言，他於慶曆中重用仲淹、富弼、韓琦等人，也確實是希望借重他們革除積弊，求一中興。要不然他也不會那樣愼重地爲仲淹、富弼開天章閣，賜以筆札，且「指定姓名，專責其條列大事而行」。即使如此，他也容不得有所謂「朋黨」存在，一有指控，便將他所倚重的宰輔大臣全部罷除了。可見在封建時代即使神經相對健全的皇帝也是十分忌諱所謂「朋黨」之論，且因爲這忌諱而特別容易爲那些奸佞宵小所利用的。

無累其心，無更其守

「不以毀譽累其心，不以寵辱更其守」，這是仲淹慶曆四年新政失敗之後，罷去參知政事知邠州時的《邠州謝上表》中的兩句話。竭力爲國，一心求治，不獲事功，反遭疑忌，所餘者唯持節以自信。檢索史籍，這似乎是封建時代中國知識分子的一種普遍的，也是必然的命運。

求取罷兵南國去

從個人行事的層面看，慶曆新政的「流產」，除有反對改革者的污蔑生事之外，實在也由於新政的主持者們對於政治改革抱有過高的期望，求治心切而採取一種過於激進的方式來對待複雜的政治、社會問題，因而忽視了如仲淹慶曆新政那種不顧「規摹闊大」的激進舉措的危機，忽視了甚至根本看不到在那種特定的政治體制中，政治改革保障機制的不可靠性，以至於無法也不可能在複雜的政治運作中較好地調整各種利益關係。因此，當危機到來的時候，當保障機制的不可靠性明顯暴露出來之後，他們也不可能有可以游刃有餘地應對危機的手段。

也正因爲如此，中國歷史上那些以天下爲己任，自覺倡揚並加入到某種社會政治改革之中的知識分子，也幾乎無一例外地會處於一種進退兩難的尷尬境地。

慶曆七年，仲淹已除去參知政事、陝西沿邊宣撫使等職銜，僅以資政殿學士轉給事中知鄧州。到這個時候，慶曆新政擬議實行的改革措施也一一盡皆廢除了。在給仁宗的謝表中，仲淹談及新政時自己的作爲，就於難以抑制的憤懣中，表達了自己當時祇能於問心無愧中無可奈何請行於邊鄙的心情：

> 改參大政，俾竭微才。革姑息之風，則謀身者切齒；尚循默之體，則愛國者寒心。退孤上恩，進歛群怨。誠難處於要路，復請行於邊鄙。

「愛國」與「謀身」自然是判若冰、炭，隔如水火，而無法相容共存的。「退孤上恩」且不合於本心，難；「進歛群怨」又無力應對，也難。進退兩難之中，自然也祇能是從政治漩渦中抽身出來「請行於邊鄙」，去做一點自己大體上還能夠做的事情，求一個力盡人事直至不可奈何而後已的問心無愧，在這樣的一種問心無愧中，得一絲聊勝於無的自我安慰。

所以，中國的知識分子大體上也逃不出那種求治不成祗好「持節以自信」，求退而獨善其身，走一條盡力脫離政治漩渦的裹挾，在遺世獨立中自我撫慰的道路。屈原的「世溷濁而莫余知兮，吾方高馳而不顧」，左思的「自非攀龍客，何為欻來游？……振衣千仞岡，濯足萬里流」，陶淵明的「懷良辰以孤往，或植杖而耕耔。登東皋以舒嘯，臨清流而賦詩」，蘇軾的「回首向來蕭瑟處，歸去，也無風雨也無晴」，都可以被看成是這樣一種心態的形象化的表達。

仲淹也是如此。在自請出京宣撫西北邊關途中，他有一首《與張太傅行忻、代間因話江山作》的七言絕句，詩云：

數年風土塞門行，說著江山意暫清。
求取罷兵南國去，滿樓蒼翠是平生。

在「胡兵隔一川」的邊地，詩人想著的是求罷兵南歸，在江南青山秀水之間對滿樓蒼翠了此餘生。默會仲淹寫下這些詩句時的心境，我們也確實不難從中讀出幾分無奈的寂寞與蒼涼。

鄰封唱酬

宣撫河東時，仲淹在保德（今山西保德）水谷驛舍留宿時，「於堂檐罅間」偶然得到一佛經《十六羅漢因果識見頌》，「頗異之」，不僅將它收藏在自己身邊，到府州（今陝西府谷）時，他還要承天寺僧人錄了一個副本珍藏寺中。仲淹是否也像中國古代許多文人一樣，在失意中自然走向佛老，希望在「歸誠佛僧」的「深自省察」中求一「物我兩忘，身心皆空」的輕鬆呢？無實據可證，自然不好妄測，但他後來還爲這本佛經寫了序，則是確定無疑的。在這篇序中，仲淹深讚這本佛經，「直指生死之源，深陳心性之法，開定慧眞明之宗，除煩惱障毒之苦。」說自己得到之後「一句一嘆，一頌一悟，以至卷終，胸臆豁然，頓覺世緣大有所悟。」如果不是在仕途連蹇中對這本佛經別有參悟，大約是不會對這卷《藏經》所未錄的經籍如此推重的。

無論如何，慶曆新政的失敗對仲淹的打擊，無疑大大超過景祐三年因言忤夷簡而三出專城。況且此時他已年近花甲，於事無所成的失望之中心生歸隱之思，應該是非常自然的。仲淹罷參知政事知鄧州時，南鄰光化軍知軍是仲淹好友李簡夫。他們兩人相互寄詩唱和，頗得唐代元、白鄰封越州、杭州時相互投詩唱酬的遺韻。仲淹有一首《依韻酬光化軍李簡夫屯田》就這樣寫道：

老來難得舊交遊，莫嘆樽前兩鬢秋。
少日苦辛名共立，晚年恬退語相投。
龔黃政事聊牽強，元白鄰封且唱酬。
附郭田園能置否？與君乘健早歸休。

在另一首《依韻酬李光化見寄》中，更有：

南陽偃息養衰顏，天暖風和近楚關。
欲少禍時當止足，得無權處且安閒。
心憐好鳥來幽院，目送微雲過別山。

此景此情聊自慰，是非何極任循環。

前詩中的龔、黃分別指漢代循吏龔遂、黃霸。《漢書·循吏傳》載，龔遂爲渤海太守時，勸百姓賣劍買牛，勤勉於農事。黃霸爲郡，治績當時第一。這兩個人應當都是能得仲淹讚佩的人。不過，對於此時的仲淹來說，求有如龔、黃政績，實在是太難了。他此時能做的衹能是在偃息養顏中心憐好鳥，目送微雲，以此聊以自慰。如此境遇之中，附郭置田，乘健早歸，以求止足少禍，自處安閒，不也是一種自然而然的選擇嗎？

以往我們大體習慣於將這種心態看成是中國文人不能見用於世時的一種消極避世的方式。其實，往深層看，這種心態實際上也顯示出中國知識分子堅信自己心懷大道，以大道爲進止的傲骨——心懷大道，雖不得用於世進而彰於世，但也絕不肯同流合污於世，更不屑於曲學阿世。說到底，他們本來就是爲謀安國而不在於謀身，因而進退之間，對於他們來說，一般也影響不大，所謂「不以毀譽累其心，不以寵辱更其守」，自然也就可以「不以物喜，不以己悲」，終歸還是能夠該做什麼做什麼，而且無怨無悔，進退自安。仲淹宣撫河東時有一首和鄭戩的詩，詩中就慨然言道：「……定應松柏心無改，自信雲龍道不孤。應笑病夫何所補，獨能安坐養桑榆。」正是心持這樣一種無改和自信，仲淹宣撫河東，走遍了西北邊關與遼、夏毗鄰的所有州縣。這時的仲淹，已經是五十七歲的人了。

無欺

要能夠眞正堅信自己心懷大道，以至「進退惟道」，且最終能夠「不以毀譽累其心，不以寵辱更其守」，說到根本上，是必須有個體明乎正命根於天性而成至誠的心性的修養。仲淹在他的《省試自誠而明謂之性賦》中就說過一段很有啓發性的話，他說：

聖人生稟正命，動由至誠……所謂誠則明矣。且夫明乃誠之表，誠乃明之先。存乎誠而正性既立，貫乎明而盛德乃宣。有感必通，始料乎在心為志；不求而得，終知乎受命於天。大矣哉！

這段話的含義，很有些類似孟子所謂「不失赤子之心」。不失赤子之心，也就是不失天眞純樸，不失天成至性，動由至誠，行依本色，樂道無懼，自在天然。出自至誠而無制天御人的包天野心，也無聲名權勢的人生之累，沒有隱於內心的詭謀算計，自然也就不會被諸如聲名權勢祿利等身外之物所蒙蔽，因而也不至於迷於進退、惑於寵辱而不知行止。這也就是所謂「誠則明矣」。心志於道，因誠而明，則「正性既立」、「有感必通」，終必「成自然之識」。與自然相應合，與天地相吐納，不慍不喜，進退惟道也能進退自安，如蘇軾在《記遊松風亭》中所言，「雖兵陣相接，鼓聲如雷霆，進則死敵，退則死法，當甚麼時候也不妨熟歇。」同樣的意思，仲淹在他的《訪陝郊魏疎處士》詩中也有一個表達，仲淹說：「我亦寵辱流，所幸無慍喜。進者道之行，退者道之止。」既然進者退者都依於道，也就得其時可以中流擊水，不得其時則持節守道求獨善其身，沒有什麼不可以受之泰然的了。

這該是人生的一種難得的境界。

以至誠之性面世，化而爲立身處世的準則，則必是兩個字：無欺。

觀仲淹一生爲人，其勉力而求者，也就是這出於至誠的「無欺」二字。據《河南邵氏聞見前錄》卷八，慶曆六年三月仲淹罷知鄧州時，穰縣（今河南鄧縣）賈黯狀元及第通判襄陽。上任途中回鄧州，拜見仲淹，向仲淹求教。仲淹矚望於這位新進後輩的，也就是這「無欺」二字。他對賈黯說：「君不憂不顯，惟『不欺』二字，可終身行之。」賈黯後來官至尚書左司郎中，權知開封府，英宗時遷給事中，權御史中丞，可惜四十四歲便病故了。《宋史·列傳》六十一評他：「修潔自喜，在朝數言事，或從或否，人稱其介直。」賈黯於仁、英兩朝，數度備位諫官，多次忤抗執政，確實是一個性情耿直的人。英宗即位之後，遷中書舍人，權知審刑院。時英宗封拜皇子，並依舊例授皇子爲檢校太傅。賈黯上書英宗，言太師、太傅、太保歷來爲三師之職，爲天子所師法。子爲父師，不合於義禮。前朝舊例，出於因循弗思，應該糾正。皇子及宗室屬卑者，都不得兼師傅官，應隨其遷序，改授三公。英宗將他的上書「下兩制議，請如黯奏」。賈黯官給事中權御史中丞時，皇帝詔使呂誨知雜事，呂誨曾經彈劾過賈黯，因而「逡巡引避」，不願到任。賈黯對人說：「我曾經舉薦呂晦爲御史，知道他是一個方正謹厚的人。他對我的彈劾本來就是出以公心的，非出於私人嫌怨，我願意終身與他共事。」「誨乃就職。」

賈黯也應該算是一個誠而無欺的君子。他後來對人說：「吾得於范文正者，平生用之不盡也。」《河南邵氏聞見前錄》的作者也感嘆：「嗚呼！得文正公二字者，足以爲一代之名臣矣。」

烈士無欺，固無畏

仲淹之所謂「無欺」，想來應該包含兩個層次的意義。首先應該是於己無欺。於己無欺，說穿了，也就是惜名節，守本色，不違拗天性去虛與委蛇，敢孤立自持而不避進退。簡單地說，也就是愛則愛之，惡則惡之，去留取捨，隨心任意。與此相聯繫的，則是於世無欺。於世無欺，也就是以一腔眞誠立身於世，也就是持正而行，仗義而行，順道而行，持堅正之方，雖危不避。這兩層意思，用仲淹的話說，也就是「內守樸忠，外修景行」，含忠履潔，樂道忘身。說得更直白一點，也就是於己求保持完整本眞，於世則絕不混世盜名，總之是不虛飾，不矯情，無私無僞，不貪不佞。同時，爲了自己心中那一分合於正道的理想也能無所畏懼，不遺餘力，最終活出一個自自然然、實在剛正、響當當的大寫的人來，也向世人展示出一個完整真切、清清白白、活脫脫的眞實的自我來！

仲淹誨人以「無欺」，他自己的一生，也確實是行之於「無欺」。三十四歲上書右丞，慨然自薦，不甘沒身於荒僻海葭，屈己存身，求能爲國爲民用如王佐，這是不欺己。三十七歲不避官小祿微，上書太后，直言國事弊端，坦陳治國主見，有一說一，有二說二，只望與天下同其安樂，這是不欺世。諫止仁宗率百官爲太后上壽，要求章獻太后歸政退隱以正朝綱；不懼宰執威勢進《百官圖》彈劾呂夷簡，三出專城，數遭貶黜仍危言危行，無悔無改，所行者在於「無欺」。以五十多歲漸入老境之身，數度鎮守邊關，於披霜沐雨中爬山涉水，於防無一備中經劃百事，「夙夜敢寧，奔馳罔暇，刻時蒞事」，躬親劬勞，且明知「不從衆議則得罪必速」，但爲事關國家安危，即使攝齏粉之咎，也絕不肯避罪於其間。其所行者，仍然在於「無欺」。主持「慶曆新政」，明黜陟，抑僥倖，革貪懦，舉賢才，議刑賞則不避上疑，逐貪佞全不顧衆怨，一心要興利除弊，以富民強國。從他個人的行事爲人來看，最終被誣斂怨，無奈自請邊行，但無怨無悔，所謂跡雖難安，心卻無愧，所謂「進者道之行，退者道之止」，所謂「定應松柏心無改……獨能安坐養桑榆」，所求汲汲，行之不殆者，還是在於「無欺」。

《河南邵氏聞見前錄》作者感嘆「得文正公二字者，足以爲一代之名臣矣」，其實，僅僅誠而無欺是否就足以爲一代名臣倒還是兩說，但爲人處世，做到「無欺」二字，卻終歸是應該的。從個體人生來看，欺己則必屈己，屈己從人，屈己從物，我們自己的本眞也就必然喪失了。失落了自己的本眞，同時也就失去了無所掛礙的生之歡樂，如此做人，必不能昂然自得，了無愧畏。勉強了自己去違心受「憋」，如此人生亦必了無生趣。而從個體處世的行爲方式來看，既欺己則亦不免於欺世。

人之甘願欺己，本質上就在於人之不免於一己之私。古人說：「烈士無欺，固無畏。」無欺首先必須有無私，無私自能無欺，因爲不必「欺」，因而也必能無畏。懷一己之私，比如我們常常爲功名、祿利、權勢、地位這些人造的幻影所欺騙，不自覺中爲它們所驅遣，以至當怒而不敢衝冠拍案，當喜亦不敢現於形色，如此處世，一定是畏畏葸葸，當行而不敢行，有義而不能仗義，即使主觀上不想去欺人欺世，客觀上也無法不欺人欺世。

而世道人心事實上卻不可欺。俗話說，人心是杆秤，忠直或是奸佞在人們心中總能得一個世道的公平。而且還有時間。時間是最公正也是最無情的「歷史學家」，它總能將種種色色各樣人等的面目淘洗得清清楚楚、分分明明。因此，一個人即使能欺於當世，也必不能欺於後來。

如此看來，仲淹之「不欺」二字，確實亦足以昭明後世，警醒後人！

生死師友與君子之交

君子無私、無欺，其處世必可無畏；其於人、於友，則也必能待之以誠同時又能和而不隨，或不隨而能和。

無私誼膠固，不徇情妄從

仲淹即是如此。他與杜衍、韓琦、富弼、尹洙等，或為忘年至交，或義兼師友，以同道互進，並列於朝。但他們之間卻似乎從無私誼膠固、徇情妄從的事情發生，議決朝政也從來都是廷爭無私，和而不隨。

比如仲淹與韓琦在邊關事務上的見解就似乎總沒有完全統一過。兩人同為邊帥，韓琦主張主動進攻，仲淹主張長期防守。韓琦與尹洙親赴京師擬定進兵西夏的決策之後，仲淹甚至孤立自恃，固執己見，尹洙親至延州勸說上十天都沒能說動他。契丹進攻西夏，仲淹自請宣撫河東之前，因擔心契丹西夏聯手犯境，要求增兵河東以備不虞，韓琦又不同意，認為這是輕舉妄動。兩人在仁宗面前爭得不可開交，退朝之後還不肯罷休，以至韓琦說：「你一定要派兵才肯成行，那我就要求去。我不要朝廷派一兵一騎。」，一語將仲淹激怒，他甚至怒形於色地要拉上韓琦去面見仁宗論理。

但這也沒有影響他們之間的友誼。慶曆五年仲淹罷參知政事，富弼罷樞密副使，雙雙「責補閑郡」，韓琦上書直言，爲他們不平。他甚至質問仁宗，他們究竟何負於朝廷，而要遭如此黜辱呢？如此以往，忠臣義士誰還肯爲國家效力？這年三月，他自己也被罷樞密副使，以資政殿學士出知揚州（今江蘇江都）。檢索《范文正公集》，仲淹與韓琦書信往還也幾乎超過了所有人，直至仲淹去世前不久，還是書問唱酬不絕。

與志同道合者交能和而不隨，與其他人處，則雖非同道也可不隨而能和。比如仲淹與呂夷簡，兩人之間無論就個人情性而言，還是就處世態度、政治主張而言，大約都不能算是同道。景祐年間的朋黨之禍，所分兩黨即在他們兩人之間。《儒林公議》卷下言：「范仲淹……自以言事被用，以諫諍爲己責。呂夷簡作相，氣勢重炎，無敢忤者。仲淹屢犯其鋒，夷簡深自忌憚，但薄示涵容，以親仲淹，仲淹終不合。」這段筆記透露出作者明顯的貶抑夷簡的主觀傾向，說夷簡忌憚仲淹而「薄示涵容」以求和，似乎不太可信。但客觀上說，仲淹與夷簡的矛盾很深，景祐中甚至幾乎成不能兩立之勢，則是確實的。而且，以仲淹的個性，對於自己認爲是正確的，他也絕不願意因要化解矛盾以至隨而求和。《續資治通鑒》載，康定元年仲淹被重新起用派往邊關，呂夷簡不同意僅僅爲他恢復天章閣待制的舊職，建議朝廷進仲淹龍圖閣直學士，改陝西都轉運使。也正因爲夷簡的建議，仲淹得以「超遷」。此後不久，仲淹入朝，仁宗曾勸諭仲淹與夷簡修好以釋前憾，而仲淹卻對仁宗說：「臣以前彈劾夷簡的都是國事，於夷簡何憾也！」

不過，儘管如此，他們之間的矛盾，大體也祇是在政事、政見上的「不隨」，超出政事政見進入個人交往，兩人也都不乏坦誠而能和，且相互也都能比較客觀地評價對方。夷簡第三次入相，恰逢仲淹復職重出，赴任邊帥，夷簡以爲「范仲淹，賢者，朝廷將用之，豈可但除舊職耶？」慶歷三年，夷簡致仕之後隨其子公綽居鄭州。《河南邵氏聞見前錄》卷八載，四年八月，仲淹宣撫河東路過鄭州，曾專程拜訪夷簡，兩人欣然話心，相語終日。夷簡問及仲淹何以要出京巡邊，仲淹答曰自己覺得在朝無補，欲以此行圖報於外。夷簡很不贊成他如此選擇，直言批評說：「參政誤矣。既跬步去，朝廷豈能了事？」這次相見之後不久，夷簡去世，仲淹在邊土聞訊，深自感傷，爲文祭悼，祭文中讚夷簡「保輔兩宮，紓謀二紀。云龍協心，股肱同體。萬國久寧，雍容道行。」表達了仲淹在自己親自品味了「富貴之位，進退維艱；君臣之際，始終尤難」的苦楚之後，對這位政治家深深的理解和感念。對於夷簡的去世，仲淹亦愴然而悲，他在祭文中說：

得公遺書，適在邊土，就哭不逮，追想無窮，心存目斷，千里悲風。

哀痛之情，溢於言表。

惟德是依，因心而友

觀仲淹與韓琦、富弼之交，與夷簡之交，讓人不由得會想起歷史上許多君子之交的佳話。比如晚於仲淹的王安石與孫少述的交往，王安石與蘇軾的交往，就與仲淹與夷簡的交往頗有些類似。孫少述是北宋有名的隱士，事母盡孝，發誓終身不入仕途。王安石與孫少述相知極早，推其爲能夠規正自己的錚友，曾有《別少述》詩，詩云：「應須一曲千回首，西去論心有幾人？」又說：「子今此去來何時，後有不可誰予規？」交厚至於如此！但王安石位列宰執之後，孫少述卻與他斷絕了往還，「數年不復相聞。」出乎世人意料的是，王安石變法失敗罷相東歸，途中兩人相會，友情依然不減當年。少述不僅亟往造訪，且兩人「置酒共飯，劇談經學」，欣然盡日，「抵暮乃散」。

王安石與蘇軾的交往，則更是人們耳熟能詳的一段佳話。王安石位居宰相時，推行變法，蘇軾以爲「慎重之必成，輕發之多敗，」主張，「先定其規模而後從事」，與王安石政見不合被歸入反對變法一黨，終被受王安石重用的呂惠卿、李定之流羅織罪名，以「烏台詩案」下御史台獄，由於高太后的力保，才得以勉強保住腦袋，貶至黃州。照常情判斷，蘇、王之間的嫌隙應該是很難彌合的。但兩人其實彼此十分傾慕敬重，王安石稱蘇軾「不知更過幾百年，方有如此人物。」蘇軾在自己《次荆公韻四絕》詩中也說：「從公已覺十年遲。」元豐七年蘇軾得赦自黃州移知汝州（今河南臨汝），北上途中路過金陵（今南京），也專程拜望了此時退居金陵蔣山養病的王安石。知蘇軾來訪，王安石親自騎驢至江邊迎候。兩人同遊蔣山，互相唱和，論佛談詩，十分融洽。王安石勸蘇軾在金陵置田買房，以能卜鄰而居，經常相見，蘇軾也欣然答應且積極籌辦。

這大約也是至誠君子們超凡脫俗，難為一般人難以深自索解的地方。這裡很可以用得上宋代史學家劉敞在《題魏太祖紀》中說的一段話。被曹丕追尊為魏太祖的曹操，在擊破袁紹，平定冀州之後，曾親往袁氏墓下設祭，且「再拜而哭，甚哀」，世人不解，以為這是曹操在自己功業成就之後的有意為之，是一種「匿怨矯情」的「奸雄手段」，而劉敞以為，此正「所謂慷慨英雄之風也！豈介介然幸己成而樂人禍哉？且夫為天下除殘，則推之公義；感時撫往，則均之私愛，此明取天下非己義，破敵國非己願也。其高懷卓犖，有以效其為人，固非齷齪者之所能察也。」

前及仲淹之與夷簡，包括安石之與少述、子瞻之間的交往，自然不能和曹操之與袁紹同判，曹操哭祭袁紹是否全無「匿怨矯情」，不同的人也自可以做出自己的判斷。但劉敞所析，也確實正見出古今至誠賢達在與人交往中表現出來的落落烈士胸懷和泱泱君子之風。說到底，君子之交，明於公義而不蔽於私情，爭之於理，自然也有其不得不爭，不能不爭的時候。但也正因爲能明於公義而不爭於私利，故而也能胸懷寬展且至誠昭明，決無「幸己成而樂人禍」的小人之心。他們即使在爭之於理，互不相讓時，也能相互仰慕，甚至是愈爭愈慕，愈是自持不隨也愈能互見其誠。也就自然有和而不隨更可不隨亦能和了。

仲淹在《淡交若水賦》中說「惟德是依，因心而友」。這八個字，不正是君子之交的最本質的概括嗎？

憫己傷志，固君子所不免

不過，對於許多人來說，要「含忠履潔」行之於「無欺」，也並不是一件很容易就能辦到的事情。至於不僅行於「無欺」，持之不輟，並且能夠無慍無喜，進退不悔，終而至於如仲淹那樣，即使在人生最爲失意的時候也一獨能安坐養桑榆」，做到所謂「不以物喜，不以己悲」，那就更不是一件容易做到的事情了。

比如和仲淹既是同年又堪稱同道至交的滕宗諒，應該說也是一位能行之於

「無欺」的人。宋人王辟之的《澠水燕談錄》卷七稱他慶曆中「治最爲天下第一」。蘇舜卿在《滕子京哀辭》中稱他：「忠義平生事，聲名夷翟聞。言皆出諸老，勇復蓋全軍。」這些讚語雖不免有些誇大其辭，但滕宗諒既有抱負，也不乏才幹，且勇於任事，卻是實在的，仲淹就十分推重他，舉薦他爲環慶路都部署兼知慶州，統領環慶一路邊事。

但即使是這樣一位有能名的人，在進退慍喜之間，也並不能很好地把握自己。慶曆三年，仲淹、韓琦奉召進京不久，接替他們職務的鄭戩以濫用公使錢上書彈劾宗諒。所遭彈劾最嚴重者，是說他到慶州之後一次就花去公錢十六萬貫。雖有仲淹、歐陽修等以合於慣例且未「入己」爲他辯解，且後來查明這十六萬貫除饋勞羌族首領三千外，其它都用於諸軍「月給」，但宗諒仍以饋送違制，枉費公錢，於慶曆三年九月由知慶州徙權鳳翔府，四個月後又降知虢州（今河南靈寶），不久，王拱辰以其「盜用公使錢，止削一官，所坐太輕」，上書朝廷，將他遠遠打發到岳州，終而「謫守巴陵」。

這次彈劾確實有些冤枉了他，而且不及一年，三遭貶降，心中鬱悶，自然可以理解。不過，正確的態度大約還是應該能自適爲好的，即使不能「寵辱皆忘」，全不在意，起碼也應該能夠有點自我寬解。但宗諒似乎有些沉溺其中而不能自拔，即使重修岳陽樓，於岳陽樓上面對那「銜遠山，吞長江，浩浩蕩蕩，橫無際涯」的洞庭一湖，那千里皓月下可以讓人心曠神怡的一碧萬頃，也不能讓他有所安慰。據南宋周煇《清波雜誌》卷四記，「滕子京謫守巴陵，修岳陽樓，或贊其落成，答以：『落甚成？只待憑欄大慟數場。』」實在很有些「去國懷鄉，憂讒畏譏，滿目蕭然，感極而悲」的情狀。《清波雜誌》作者也就此感嘆說：「放臣逐客，一旦棄置遠外，其傷悲憔悴之嘆，發於詩什，特爲酸楚，極有不能自遣者。……閔己傷志，固君子所不免，亦豈至是哉！」

滕宗諒在岳州傷悲鬱悶，不能自遣，當是確實的。還有范公偁《過庭錄》可證：

滕子京負大才，為衆所嫉。自慶州謫巴陵，憤鬱頗見辭色。文正與之同年友善，愛其才，恐後貽禍；然滕豪邁自負，罕受人言，正患無隙以規之，子京忽以書抵文正，求岳陽樓記，故記中云：『不以物喜，不以己悲。』『先天下之憂而憂，後天下之樂而樂。』，其意蓋有在矣。

范公偁是范仲淹的後人，其《過庭錄》所記仲淹事跡，大體來自家族長輩，應該是相當可信的。實際上宗諒謫巴陵之後，一直處於鬱鬱之中。岳陽樓記刻石不久，他調知蘇州，到蘇州不及一月就病逝了。

這裡的關鍵恐怕還是在於要有一個能超越自身得失榮辱而以天下憂樂為憂樂的大境界，要有「不以一身之戚，而易天下之憂」的大胸懷。仲淹應宗諒之請作《岳陽樓》，也許如范公偁所說，確有勸勉宗諒之意，但更多的應該還是他自己的胸懷的坦露。他所說的「不以物喜，不以己悲」，其實正是來自他先憂後樂，與天下同其安樂的大境界、大胸懷。

微斯人，吾誰與歸

比較而言，宗諒所被垢語譏讒，所歷去國懷鄉，哪裡又比得了仲淹？論起來，仲淹一生，實可謂連蹇多舛，幾乎沒有多少順遂的時候，仕途也談不到通達。幼年失怙，少年苦學，走上仕途之後，又是三出專城，數遭貶黜，幾起幾落間，一輩子過去了。

翻看仲淹年譜，不惑之後到六十三歲去世的二十多年，他的經歷差不多是由罷貶黜放累積起來的。特別是「慶曆新政」的失敗，對仲淹的打擊一定更大。懷一腔匡時救弊的熱情，而且兢兢業業、「日夜謀慮」，不僅無寸尺之功，自己反因讒謗而罷官，一定不免也有一種無以告訴的憂憤鬱悶填塞於胸臆之間。但仲淹這一次似乎比言忤夷簡而三出專城時更能處之泰然，眞有一番隨遇而安且能隨遇而自樂的境界，心境很是不靜。知鄧州時詩《中元夜百花洲作》，就很能讓人品出一點蘇軾《密州出獵》中「老夫聊發少年狂」的味道：

南陽太守清狂發，未到中秋先賞月。
百花洲裡夜忘歸，綠梧無聲露光滑。
天學碧海吐明珠，寒輝射空星斗竦。

西樓下看人間世，瑩然都在青玉壺。
從來酷暑不可避，今夕涼生豈天意。
一笛吹銷萬里雲，主人高歌客大醉。
客醉起舞逐我歌，弗舞弗歌如老何？

百花洲是鄧州城下的一個有名的芳洲，這裡春有百花爭妍，靜柳閒垂；夏有千荷卷翠，沙鷗翔集；秋有萬竹排霜，白鷺優游，是一處極讓人流連忘返的去處。仲淹《獻百花洲圖上陳州晏相公》有名句：「步隨芳草遠，歌逐畫船移」，就極眞切地寫出了他遊百花洲時的感受。幾年前，仲淹朋友謝希深知鄧州時，曾在此修過一座「覽秀亭」，到仲淹來此，亭子已失修頹圮了。仲淹重修此亭，他的這首《中元夜百花洲作》就寫在亭成之時置酒登臨，攬勝賞月的聚會上。未到中秋先賞月，且於賞月中狂發高歌，起舞互逐，若沒有一種寵辱不掛於心，進退不以爲意的心態，大約無論如何都難以進入如此境界的。

皇祐元年（一〇四九年）仲淹自鄧州移杭州。此時他的老友蔣堂在蘇州。蔣堂任江淮轉運使時，曾舉薦下屬二百餘人，有人勸他不要這樣，以免舉薦不當連累自己。蔣堂以為，被自己舉薦的人只要十得二三，也就足以報國了。《宋史》稱他「延譽晚進，至老不倦」。仲淹在杭州時，有兩首與蔣堂的唱和詩，詩中所抒，也很能見出他那時將是非榮辱全置於腦後而隨遇自樂的心境。如《依韻和蘇州蔣密學》詩：

余杭偶得借麾來，山態雲情病眼開。
此樂無涯誰與共，詩仙今日在蘇台。

如《依韻答蔣密學見寄》：

東南為守慰衰顏，憂事渾祛樂事還。
鼓吹夜歸湖上月，樓台晴望海中山。
奮飛每羨冥鴻遠，馳騁那慚老驥閒？
此日共君方偃息，是非榮辱任循環。

這個時候，比他無奈自請巡邊宣撫河東時的「說著江山意暫清」，比他乞罷宣撫使名知鄧州時的「得無權處且安閒」，似乎更能寬展，也更能於平靜恬退之中自得其樂了。仲淹說自己「我亦寵辱流，所幸無慍喜」，這應該不是虛言。

這是范仲淹出於先憂後樂之志而「不以物喜；不以己悲」的大胸懷使然。正如他在《岳陽樓記》所言：「居廟堂之高，則憂其民；處江湖之遠，則憂其君：是進亦憂，退亦憂。然則，何時而樂耶？其必曰：先天下之憂而憂，後天下之樂而樂歟！噫！微斯人，吾誰與歸。」——對於一個有著如此大胸懷的人來說，不以一己得失而或慍或喜，不是很自然的事嗎？

平生清心潔行，以自樹立

人是應該有一點境界和胸懷的。人生的苦樂，實際上與人自身知會外物、吐納世事的境界與胸懷密切相關。有超越一己之私的大境界、大胸懷，則必有大氣度。孔子登東山而小魯，登泰山而小天下，眼界開闊，胸襟開朗，自然也就不會因自我的窮通順逆而憂樂，因而也才眞正能「不以物喜，不以己悲」，可以行止隨心，無處不可以尋樂，無處不可以有樂。

倡揚風義，老而彌堅

人應該能在自己人生的旅途中不斷地提升自己的境界，拓展自己的胸懷。這裡的道理，想來必是人人都可以懂得的。但懂則懂矣，對於如我輩之芸芸衆生來說，眞實行起來卻並不那麼容易。豈止我們，即如滕宗諒那樣被仲淹讚爲「文詞高妙，志意坦明」的「吾人之英」，謫守巴陵時不是也「閔己傷志」不能自遣嗎？

細究起來，之所以如此，根本原因，還是在於我們常常不能超越我們自身得失的限界。比如我們的感官對於外物的迷戀、沉溺，比如我們的心志對於功名的欲望、追求，都會限制我們的眼界，使我們的胸襟無法開闊，以至於目迷五色，耳惑五音，在對於外物的貪戀和對於功名榮耀的銳意求取中變得偏狹小氣、目光短淺。終於是祇取小名而不見大節，只計於眼前得失曲直而忘記了人生的根本。這樣，即使以天地為廈，我們也不會有天寬地闊的舒展和自在。

所以，人還是必須能清心潔行，見於大節而不惑於名利。說到底，也就是既不貪戀功名榮華，更不懼怕艱辛貧賤，知正道而持行不殆，守本性而遺世獨立。如此大節，存於內則成仁德，化於外則為堅貞，執於行則成義理，達於人則為典範。而以此面世，也就必然是孟子所謂「富貴不能淫，貧賤不能移，威武不能屈」的大丈夫所為了。仲淹在給朱家侄兒的信中，諄諄相囑於後輩：「清心潔行，以自樹立，平生所稱，當見大節，不必竊論曲直，取小名招大悔矣。」這種告誡之中，應該是包含了這一層意思的。

仲淹有一篇《乾為金賦》，賦旨即在明其「剛健純粹，其像金也」。在這篇賦中，仲淹用「其動也直」、「其靜也專」狀金之純剛之性，飽含感情地讚頌了金之純粹與堅貞：「首萬化而道廣，方百煉而旨深。始終不雜於陰爻，寧虞眾口；上下皆稟於剛德，若遇同心。美矣哉！」這自然是一種賦物言志。觀仲淹一生，其節其志，不正是如金之剛、金之純嗎？

仲淹明於大節，倡揚風義，確實是至老不磨且老而彌堅，老而彌醇。

皇祐二年（一〇五〇年）十一月，仲淹徙京東路安撫使移知青州。這一年，仲淹六十二歲。青州西面的長白山，正是仲淹少年苦讀的地方，四十餘年前他在這裡讀天下書，窮天下事，也是從這裡的大山走出去，以自己所讀所窮為天下之用。宦海浮沉，四十餘年彈指已逝，少年壯志，如影如煙，實在是「文章與功業，有志不能成」，如今以兩鬢霜白的老病之身，回到這情如桑梓的少年遊歷長養之地，移之他人，追往撫今中，一定不免會有良多感慨且亦不免心生幾許蒼涼的感傷。但仲淹卻仍然是一如往昔。在《青州謝上表》中，他慨然自謂：「賦材寡薄，抱節孤危……發言多忤，非輕去明主之恩；觸事為憂，所重在太平之業。」這是仲淹一生中最後的一份為自己受命徙移給朝廷的謝表，這時他事實上已經因病而自感「年高氣衰」「力不支持」了。

在生命已近耗竭之時，仍是如此無怨無悔，不改初衷，眞可謂痴心不改。

晚節當如竹有筠

仲淹一生，本來也就是尚名節，倡名節，持節而行且終始如一的，比如他的數度逆龍鱗、忤天威，仗義直言，有犯無隱，比如他的含忠履潔，許國忘身，進退順逆都不移其「金石之心」，比如即使在已罹貶黜，「盡室得江行」，「十口向天涯」的境遇中，他上書天子仍然是「此而爲郡，陳優優布政之方；必也入朝，增蹇蹇匪躬之節」，以此來表明自己爲國爲民，絕不肯「鉗口以安身」的心志……如此這般，實可謂大節凜然，無讓古人。

長白山有石名「青金」，文理細密，膩而不滯，是一種合於製硯的石料。仲淹至青州，即請匠人入山採石，磨製爲青金硯。皇祐三年冬，仲淹以日漸衰弱的老病之身，取硯研墨，用小楷工書《伯夷頌》，並把自己錄寫的這篇頌文分寄至交好友。當時已經致仕去官歸隱田裡的杜衍、同列宰輔又一同罷官的富弼、甫卸相任出知許州的文彥博，都得到了仲淹工楷手書的《伯夷頌》。《伯夷頌》是韓愈的一篇名文。在這篇文章中，韓愈極讚伯夷之自知不惑，持道守節，堅定信仰，不顧世人是非指訾的特立獨行，以爲「若伯夷者，窮天地亘萬世而不顧者也。昭乎天地不足爲明，崒乎泰山不足爲高，巍乎天地不足爲容也。」

以青金石硯所出之墨，書讚風節之士之頌，這也許祇是一種無意的偶合。但仲淹工楷書寫且分贈至交，借以明志亦借以勉人，則絕不是一種偶然。如伯夷之持節獨行，力踐之而不惑，其可昭乎天地、明乎日月的高風亮節，既是仲淹所景仰，也是他至老不輟的孜孜追求，用他自己的話說，則是「素心直擬掛無玷，晚節當如竹有筠。」這其間至少展示著賢士君子心志風義的相通。眞正是其志也明，其誠亦可感可佩。其實，仲淹此舉所見出的明志之意，得他見寄手書韓文的朋友們也是能夠理解的。文彥博有一首《題高平公范文正親書〈伯夷頌〉卷後》詩，詩云：

書從北海寄西豪，開卷才窺疏髮毛。
范墨韓文傳不朽，首陽風節轉孤高。

從這首詩中，我們不難看到時人對於仲淹的理解和敬佩。明於大節，胸懷乃見，也就不會也絕不可能惑於一己的進退榮辱，所思所慮所求所望者，也必能超越一己之進退榮辱。《宋朝事實類苑》卷三十四「歌咏」條錄了仲淹一首在青州時寄其鄉人的五律，詩中說道：

長白一寒儒，登榮三紀餘。
百花春滿路，二麥雨隨車。
鼓吹迎前導，煙霞指舊廬。
鄉人莫相羨，教子讀詩書。

在仲淹心中，自己四十年宦海沉浮，至老還鄉，仍不過一介寒儒，「莫相羨」，不必羨，亦無可羨。他寄望於鄉人的，是「教子讀詩書」，這不也是一種明於大節而不惑嗎？

人苟有道義之樂，形骸可外

持節立身，清心潔行，不惑於功名，自然更不會惑於私利。明而不惑，不惑而戒貪，戒貪而能廉，廉而至於潔，這當是風節孤高之士的又一顯著特徵。

皇祐元年，仲淹自鄧州移知杭州時，已經六十一歲，此時他也已心生致仕退居之意。仲淹心生退意，並不是像歷史上許多掛印歸田者那樣，或因為不遇失意，或因為對於政治的極度失望。因為此前朝廷政局事實上已經有所改觀。一來朋黨之論隨著仲淹等人的一同離朝而漸漸平息，同時夏竦罷去，文彥博入相，仲淹也由給事中拜禮部侍郎。而且仁宗還派供奉官至杭州，特賜仲淹鳳茶一合，以示自己對於仲淹仍以近臣相待。鳳茶又稱「團茶」，與龍茶同為御用的茶中極品，慶曆以後，皇帝常以此茶賜給近臣以示優容。對於因讒言請罷參政自求外放的仲淹來說，皇帝特賜鳳茶，其意義事實上還不僅僅在於一種優容，它更顯示了皇帝對於他的一種信任，仲淹在《謝賜鳳茶表》中就談到：「久離帝右，曷測天衷。異恩一臨，群疑盡決。」仲淹此時的心情，應該是相當不錯的。

仲淹此時心生退意，應該主要是身體的原因。景祐中貶知饒州時，他就得了一種眩暈症，此後又染上肺疾，到這個時候，他的身體已經很糟糕了。他在青州時上書請求在潁（今安徽阜陽）、亳（今安徽亳縣）二州知一小郡的《陳乞潁、亳一郡狀》中，就談到他此時的身體狀況：「年高氣衰，日增疾恙。去冬以來，頓成羸老。精神耗減，形體尩弱，事多遺忘，力不支持。」對於仲淹來說，力能任事時不遺餘力，不能任事時也絕不貪占其位，所謂「陳力就列，不能者止」，這是很自然的事情。

北宋大臣顯官致仕告退之後，大都居住西京洛陽。唐憲宗時宰相裴度晚年因宦官專權，辭官之後退居洛陽，洛陽有他修建的綠野園。據《二程集·河南程氏遺書第十》、《五朝名臣言行錄》卷七，仲淹表露了自己的退意之後，先是有人建議他買下綠野園作致仕之後的安居之所。仲淹不肯，以爲「在唐如晉公者，是可尊也。一旦所其物而有之，如何得安？」仲淹拒絕買下綠野園之後，其子弟又勸他自己在洛陽修園建屋，以供致仕之後燕息遊覽，仲淹還是拒絕了。

仲淹拒絕的理由很是簡單。在他看來，應該擔心的是一個人位極人臣之後貪戀祿位不願意致仕求退，而不必擔心退下來之後會沒有燕息之所。何況「人苟有道義之樂，形骸可外」，有什麼必要在居室上費心呢？再說西京洛陽本來園林就多，誰也不會阻攔我去遊覽，又爲什麼一定要以有自己的園林爲樂呢？

仲淹之拒購綠野園，拒絕自修園林，以他自己的說法，是爲不自取不安，是有道義之樂而不暇於在燕居之所上費心勞力，應該是確實的。用我們的眼光看，這其實也正是他以天下憂樂繫於一心而不慮於一己之安的寬廣胸襟的坦露，也是他廉潔自律的「清心潔行」在具體行事上的外化。「慶曆新政」失敗之後，於求退之中，仲淹有一封給韓琦的信，信中就說到自己「退省虛陋，曷稱重奬，惟思砥礪名節，以副知己，惶恐惶恐！」這其實是他終身持行的一貫準則。景祐中仲淹因諫止仁宗廢后貶知睦州後移蘇州，蘇州爲仲淹故鄉，祖塋亦在此，他當時也已有在蘇州安家的打算。《范文正公集》附《年譜》載：「先是，公得南園之地，既卜築而將居焉。陰陽家謂必踵生公卿。公曰『吾家有其貴，孰若天下之士咸教育於此，貴將無已焉！』遂即地建學。既成，或以爲太廣，公曰：『吾恐異時患其隘耳。』」學舍建成之後，仲淹即致書當時大儒孫明復，延請他到蘇州講學。當時正是仲淹蘇州治水告一段落，在給孫明復的信中，仲淹就談到：「某自新定，江山清絕，自謂得計。及來姑蘇，卻修人事，斯亦勞矣。今在海上部役開決積水，俟寒而罷之。足下未嘗遊浙，或能枉駕與吳中，講貫經籍，教育人才，是亦先生之爲政買山之圖在其中矣。」同時，他還特爲賦《南園》詩一首，以志自己欣悅的心情，詩云：

西施台下見名園，百草千花特地繁。
欲問吳王當日事，後來桃李苔為言。

仲淹對「後來桃李」的殷殷厚望，也於詩中坦露無餘。

蘇州城西「范墳山」

說起來，中國人的風水觀念實在也是很重的，即使在科學昌明的今天，所謂風水之說在許多人的心中也占有十分重要的位置，先人故去，即使行之火葬，在處置那一撮化煙仙逝者留下的白灰時，請風水先生相度福地也仍然是一個很重要的節目。還不說樹梁架屋時的選址測向了。

《晉書·周光傳》便記有陶淵明的曾祖陶侃之所以後來官至大司馬，就是因爲他葬乃父於一大吉之地。據說陶侃父親死後準備安葬時，他家一頭牛走失，陶侃尋牛遇一老者，老者指示他牛臥於前岡山腳污泥中，「其地若葬，位極人臣。」陶侃於是將其父葬於牛臥處，遂得大貴。

鄭重其事地被載於史籍，說明這確實不祇是一般老百姓的「迷信」。這也許與人類求福望貴的心太重有關。望而不可得，不可得而望之更切，也便造出一些自己騙自己的幻象，對於絕大多數的人來說最終不過是一種心理的安慰。人總不能不有一點自我安慰，因而也就寧信其有，不信其無，有如病急亂投醫，所謂「心知其妄，必欲試之」了。風水之說自然是一種妄誕無據的迷信。相傳風水先生的祖師爺是晉時被桓溫所殺的郭璞。郭璞精於風水，照說他一定能給自己的祖塋家宅選一福址，以保自身，以榮後人的。但他不僅自己遭殺頭之禍，其子孫也衰微不傳。足以見此說的虛妄無稽。

仲淹自是不信此說的。仲淹墓葬及祠堂均在蘇州天平山。山在蘇州城西約二十里，臨煙波浩渺的萬頃太湖，山頂正平，亦名曰「望湖台」。由於仲淹安葬於此，蘇州人也將天平山稱爲「范墳山」。

關於仲淹之葬於天平山，至今蘇州還有一個傳說。說是有一對兒女親家，其中一家選天平山爲祖塋之地，爲另一家看中，要求互換。兩下情願，也就換了。但換得天平山的這一家請風水先生再行測度，發現周圍有錐形石塊包圍墓穴，指此處爲「萬箭穿心」的「大凶」之地。於是這一家又要求再換過來。另一家以妻死已葬，堅決拒絕。兩下相爭，官司打到回鄉的仲淹那裡。仲淹對要重新換回原墓地的那家說：「你們的爭議全在於風水。這樣吧，我有一塊墓地，據說風水很好，我和你換天平山之地好了。我是不相信此道的。」就這樣，仲淹用自己原已選定爲墓葬的地塊換了天平山之地。

其實，仲淹讓我們肅然起敬的，並不是他的不相信所謂風水之道。應該說，即使在仲淹所處的那個時代，不相信所謂風水之說的人也很多，而且也並不必一定祇是那些敢於反傳統陋習的有識之士不相信。明代馮夢龍《古今談概》有一篇

《光福地》就寫了一則笑話，講好談風水的袁了凡爲尋訪福地至光福，遇一村人，他問村人可曾聽說這一帶有合於墓葬的好地，村人說：「我在這裡已經三十年了，只見做官的人來選地，卻從未看見做官的人來上過墳。」爲官作宦者在這裡選地築墳，其後人卻並沒有得到福佑而繼續爲官，自然也就不見有作官者來上墳了。村人以自己的目睹親見證實了風水的虛妄，想來他自己也一定是不相信的。

仲淹讓人肅然起敬的，還是他的「吾家有其貴，孰若天下之士咸教育於此」的大胸懷，是我們由此見出的他那全無一己之私，而惟求天下人「貴將無已」的高風亮節，是他明於大節而持之不惑的通達與開明。歷朝歷代，多少爲官顯達者以一己得道而謀雞犬升天？又有幾人眞能如仲淹之不思一家之貴而望天下人「貴之無已」？金代元遺山以仲淹爲「求之千百年間，蓋不一二見」，察仲淹之風義節操，此論的確不是沒有根據的。

以儉約自處，以清貧自甘

不謀於一己之私而望天下人「貴之無已」，願以一身之戚求與天下同其安樂，則也必能以儉約自處，以清貧自甘，律戒於己的，也必是「苟非吾之所有，雖一毫而莫取。」

雖一毫而不妄取

仲淹一生，真正是雖一毫而不妄取。

依戚而生，幼而失怙，二十歲時入長白山醴泉寺苦讀，每日以粥充飢且一日僅有不能得飽的兩餐。二十三歲察知身世，感憤自立，獨自一人「佩琴劍徑趨南都」，於應天府書院晝夜苦學，「攻苦食淡」，連同學看了都不落忍。也許眞是清儉慣了，仲淹一生不以清儉爲苦，也不以蓄財爲樂。天禧元年他上表請求恢復本姓，當時他同父三哥范仲溫還在蘇州，范家也還有些產業，族人擔心他恢復本性後會提出承繼產業的要求，而仲淹卻明確表示：「止（只）欲歸本姓，他無所覬。」

仲淹一生以儉約自處，以清貧自甘，不好財貨，即使在最爲艱苦的時候，也是如此。《言行拾遺事錄》卷一就記有這樣一件逸事。據說仲淹在淄州長白山醴泉寺僧舍讀書時，一天傍晚見一隻白鼠入穴，驚奇之下便掘穴探看，發現穴中有一甕白銀。仲淹一毫未取，又依原樣掩覆封存。他入仕以後，寺僧因擬修造寺院，派人「欲求於公」，但仲淹只回書一封。寺院住持開始時怏然失望，「及開緘，使於某處取此。藏僧如公言，果得白銀一甕。」仲淹在醴泉寺時，正是他攻苦食淡最爲艱難的時候。

宋人筆記《孫公談圃》也記有仲淹的一件逸事，說是他在南都讀書時，有一位同學與他交好，同學生病，他親調湯藥，照料備至。這位同學最後終於不治。臨終將一冊方術並一囊藥料交與他，並對他說，「我有一術，雖遠遊四方，未嘗貧乏，賴此術之力。如今傳授給你，藉以爲報。」據說此術即爲將水銀煉爲白銀的「黃白術」。范仲淹無可推辭，接受下來，但方書及藥囊他卻從來沒有打開過，二十年之後，將它們原封不動地交還給了此人的兒子。這則逸事，在宋魏泰《東軒筆錄》中也有記敘，《東軒筆錄》所記，除說與仲淹交好的本來就是一位術士，而與《孫公談圃》略有異詞外，其它內容大體相同。由此推論，兩書所記，即使不乏後人出於崇敬的演義，其所演義，大約也並不是一無根據的。

事實上，仲淹對於財貨，即使並非妄取，也是能拒則拒，能不取則不取的。比如慶曆三年八月，仲淹以樞密副使進參知政事。按朝廷慣例，擢升輔相，躋身近臣，都會由皇帝給予特別的賞賜。仲淹自然也不可免，以樞密副使應召赴闕，仁宗依例賜賚銀兩帛絹，改參知政事也依例另有賜賚。但仲淹受樞密副使應得賜賚之後，對因改參知政事的再行賜賚卻堅持不受。爲此，他連續兩次上書仁宗，奏乞免去賜賚。他在奏折中說，自己拜樞密副使時已經得到了賞賜，「僅方踰月，改參大政，不可復賚。」且自己以「虛薄之才」，誤膺柬拔，「涓勞未立，不可再有貪冒，貽譏縉紳。」因而懇求皇帝罷回「錫賚」，「庶寬憂懼」。

慶曆六年，范雍在洛陽病逝。康定元年，范雍以武安軍節度使鎮守延安，因三川口兵敗離職他調，是仲淹接替他的職務。《宋史·范雍傳》稱他「頗知人，喜薦士，後多至公卿者。」後來成爲北宋名將的狄青還祇是一個小校時，「坐法當斬」，就是因爲范雍「貸之」而免死的。范雍爲官四十七年，青年時代即受到眞宗時宰相寇准的賞識，仁宗即位，曾加龍圖閣直學士，拜樞密副使，死諡「忠獻」。范雍死後，仲淹應其後人請託，爲撰墓誌。在這篇墓誌中，仲淹稱范雍爲「蹈乎憂患，濟以忠義。政本乎仁，行執乎恭」的「邦之偉人」。據《五朝名臣言行錄》卷七，墓誌寫成之後，范雍的兒子送給仲淹一份厚重的謝禮，仲淹堅決不受。范雍家實在過意不去，又送來范雍在世時收藏的書畫，既表達謝意，也是留給仲淹以誌紀念。但仲淹祇留下一卷《道德經》，餘者如數退回，並親筆致書范雍兒子，說這些書畫爲乃父平生收藏，後人應該珍重愛惜，不可使之流散以至爲他人所得。

其實，應人之請修作墓誌，收受饋謝，在當時本就是一種慣例，而且，似乎自隋唐起，便歷來如此了。據唐封演撰《封氏聞見記》卷六《碑碣》條記，饋以厚禮，請名士爲故去者作墓誌，那時就蔚成風氣，「有力之家，多輦金帛以祈作者」，以至墓誌之中，多有諛美死者的不實之辭。蔡邕就曾言：「吾爲人作碑多矣，惟郭有道無愧辭。」仲淹一生，以他的學養、名望以及地位，爲許多人寫過墓誌碑銘。以文傳人，這自是極其自然的，但他從未接受過任何饋贈謝儀。而且，從他留下的墓誌碑銘看，能讓他命筆爲作的，也大都不是親知，即爲朋友，且大都是他自己敬仰敬佩的同道。其所作碑文，也大都與所志者相合。這也能見出仲淹的風義節操。

老夫屢經風波，惟能忍窮

仲淹晚年，有一封給朱氏侄兒的信，信中在囑咐朱氏後輩「京師少往還，凡見利處便思患」的同時，也談到自己「屢經風波，惟能忍窮，故得免禍」。

仲淹說自己一生「屢經風波，惟能忍窮」，這確實不是虛辭。《宋史》載，「仲淹內剛外和，性至孝，以母在時方貧，其後雖貴，非賓客不重肉。妻子衣食，僅能自充。」可見他一生都是安於淸儉的。而且，他不僅以淸儉自處，在這一問題上，他對於子弟家人的律戒也是很嚴的。在他給家人子侄的信中，殷殷囑告的，大多是「各宜節儉」、「淸心做官，莫營私利。」並且明示子侄：「汝等但小心，有鄉曲之譽，可以理民，可以守廉者，方敢奏薦」入仕。在《告諸子書》中，他甚至感嘆：「吾所最恨者，忍令若曹享富貴之樂也。」因此，他也絕不以儲積財貨爲樂。據《言行拾遺事錄》，仲淹慶曆新政失敗離開京師時，淸點家中積蓄，僅餘絹三千匹。就這三十四絹，仲淹也令掌吏「錄親戚及閭里知舊，自大及小，散之皆盡。」

人們大都認爲，比較而言，人戒財貨之欲易，戒功名之心難。事實上，眞要能戒絕財貨之欲，安於淸貧，也並不是一件眞的就很容易做到的事情。從某種意義上說，對於大多數人，戒功名之心也許還要比戒財貨之欲更容易一些。因爲功業聲名，對於許多人來說，本來就是「瞻望邈難逮」，可望而不可及的東西，哪裡比得上實實在在的金帛財貨那樣切於現實？既然是不可及，很容易就將它置於腦後而不顧，也是非常自然的事情了。證之於現實，有許多人求於功名事業，其實也常常是他求財取貨的手段，要不然哪裡會有那麼多的以權謀私，以名邀財？有的人甚至可以「人爲財死」，即使身敗名裂，也可以置之於不顧！從古至今，貪於財貨終於「貪」得掉了腦袋的，該有多少？而且，人對於財貨之貪，有時眞正是可以至於讓人咋舌不已，戰顫汗下的地步。

明世宗嘉靖年間，宰相嚴嵩倒台被抄沒家產，從他家抄出的金銀珠寶以及園宅器物的估價，達二百三十六萬兩。另在老家袁州的田產，占一府四縣土地的七成以上。其子嚴世蕃比乃父更甚，家中光是藏金銀的地窖就是十數個，每窖所藏金銀都達一百萬兩，連嚴嵩知此都驚畏汗下。聚斂這麼多金銀財貨祇能藏著掖著，連示於人都不敢，實際上屁用沒有，要它做甚！想來嚴嵩父子未必就愚蠢到連這點簡單的道理都不懂，但他們卻又眞的這麼愚蠢地做去，說到底，不過就是人類那種對於金錢財貨的貪欲的一種極端的展露。

由此看來，一個人對於金錢財貨的態度，一個人是否眞能以儉約自處以淸貧自安，確實是衡量一個人風節高下的試金石。仲淹說自己「惟能忍窮，故得免禍」，在我們看來，這以「忍窮」而得「免禍」，實際上祇是問題的一個方面。誠然，貪於財禍且無以厭足，確實常常是一個人自招禍事，自取禍敗的原因之一。但觀仲淹一生，他的免禍或者罹禍，與他的能夠「忍窮」或者不能「忍窮」，似乎並沒有太大的關係。比如他的數被重用又數遭貶黜，根本原因都並不在於因爲他的「惟能忍窮」。而且，甘於淸貧能夠免禍自安，其實是一個極普通的道理，古往今來那些因貪於財貨而最終「貪」掉腦袋的人，應該也是能夠懂得這個道理的。但他們就是不能「忍窮」，不僅不能「忍窮」，即使不窮了他們仍然是貪得無厭。相較之下，在對待財貨的態度上顯示出來的人格品質的高低，不也就昭然若揭了嗎？

處處有仁義可行

仲淹雖一毫而不妄取，但卻並非一毫而不予人。事實上他生性慷慨，所得俸祿，常用來接濟困於凍餒的寒士或故舊後人。《宋史·范仲淹傳》說他「好施予，……汎愛樂善，士多出其門下，雖里巷之人，皆能道其名字」。如此稱譽，自然是有根據的。《東軒筆錄》卷十四就記有一則仲淹慷慨資助貧寒之士的故事：

范文正公在睢陽掌學，有孫秀才者索遊，上謁文正，贈錢十千。明年，孫生復道睢陽，謁文正，又贈十千。因問何為汲汲道路，孫秀才戚然正色曰：「老母無以養。若日得百錢，則甘旨足矣。」文正曰：「吾觀子辭氣非乞客也。二年僕僕，所得幾何？而廢學多矣。吾今補子為學職，月可得三千以供養，予能安於學乎？」孫生再拜大喜，於是授以《春秋》，而孫生篤學，不舍晝夜，行復修道，文正甚愛之。明年，文正去睢陽，孫亦辭歸。

這位孫秀才，就是十年之後成爲北宋以治《春秋》聞名於世的著名學者孫復（字明復）。仲淹離開睢陽，孫復即退隱於泰山，潛心著書授徒，著有《春秋尊王發微》十二篇，解經不拘泥於漢、唐成說，能發於獨見，爲「泰山學派」的祖師。孫復後爲朝廷召至太學，教授《春秋》，仲淹、韓琦等拜樞密副使應召赴闕時，寫《慶曆聖德頌》加以讚賀的石介，就是孫復的學生，其再傳弟子胡安國，爲公認的《春秋》專家。仲淹後來在京師見到孫復，自己也深自慨嘆：「貧之爲累亦大矣！倘因循索米至老，則雖人才如孫明復者，猶將汨沒而不見也。」

大約也正是有感於孫復之爲升斗之謀，僕僕於道而不能安心於學業，仲淹入仕以後，即以自己的俸祿在蘇州購附郭良田，置爲「義庄」。仲淹還手訂《義莊規矩》十三條，宗旨即以「義莊」所得租米，周濟族內貧困家庭、資助喪葬嫁娶、獎勵子弟讀書上進。仲淹置「義莊」，自然有他自己無法擺脫的中國人歷來就有的宗族觀念的作用。《范文正公言行拾遺事錄》記有仲淹《告子弟書》，在這封告書中仲淹就談到：「吾吳中宗族甚衆，於吾固有親疏，然吾祖宗視之，則均是子孫，固無親疏也。苟祖宗之意無親疏，則饑寒者吾安得不恤也？自祖宗來，積德百餘年，而始發於我，得至大官。若獨享富貴而不恤宗族，異日何以見祖宗於地下，今何顏入家廟乎？」不過，仲淹置「義莊」以「濟養宗族」本身，同時也是他輕財好施，「下憂生靈」的品德的具體體現。龔明之《中吳紀聞》也談到，仲淹皇祐元年由鄧州移知杭州，他在杭州的子弟勸他在洛陽營建住宅園林，被他斷然拒絕，他告誡子弟當以道義為樂，並對其子弟說：「俸賜之餘宜以賙宗族。若曹尊吾言，毋以爲慮。」也就在這一年，他回到蘇州，取平時積蓄購買良田千畝，作爲族人公產。

無論如何，仲淹的行爲也應該被看作是他自青年時代就成之在胸的「利澤生民之志願」的表徵，是他那赤誠無疑的「救人利民之心」的身體力行。一個趨利忘義貪於財貨的人，及其見利而爭先，即使父母兄弟亦不能相保，對於自己已經占有的財貨金錢，更會愛之如命，惜之如命，守之如命，也終於祇會是愛之、惜之、守之而至於一毛不能拔的「鐵公雞」相，哪裡會將自己已有的積蓄無償獻出以濟養他人？誠如時人所評：「所謂先天下之憂而憂，後天下之樂而樂，此文正公飲食起居之間先行之，而後載於言者也。」古有「一屋不掃，何以掃天下」之訓，同樣的道理，一族不濟，又何能濟蒼生？從這一角度看，仲淹之置「義莊」，贍宗族，即使確實出於一個封建時代的士大夫不可避免的要以一人之貴而將養群族的宗法觀念，即使他的義舉確實祇能爲族人濟貧而不能也無法澤被於更大範圍內的匹夫匹婦大小生靈，其慷慨濟助於貧寒的仗義德行，也仍然足以垂範於當世更師啓於來哲。

父風垂範

事實上，在當時，仲淹就以其「能行救人利物之心」而彰明昭著於世人，被公認爲「諸公間第一品」，而他置辦「義莊」的舉動，也爲許多士子所效法。比如江西人鍾鼎「聞仲淹義田事，慕之，偕侄日新置義莊」。比如浙江人陳德高「慕范文正公之義，割腴田千畝立義莊，以贍宗族」。比如鄞縣人應本仁「隱居城南不仕，博學工文，慕范文正公義田之舉，割其產之半凡五百餘畝，……用以濟貧之」。僅蘇州吳縣一帶，效仲淹所置「義莊」即達六十四家。這都是載之史、志而歷歷可考的。

仲淹這種輕財好施，樂於助人的品德，也影響到他的子弟。宋人筆記《冷齋夜話》、《清波雜誌》都記有這樣一則故事：

范文正居睢陽，遣堯夫到姑蘇搬麥五百斛。堯夫時尚少，既還，舟次丹陽，見石曼卿，問寄此幾時，曼卿曰：「兩月矣。三喪在淺土，欲葬之而北歸，無可與謀者。」堯夫以所載麥舟付之。單騎兼程，取捷徑而歸。到家拜起，侍立良久。文正曰：「東吳見故舊乎？」曰：「曼卿為三喪未舉，方留滯丹陽。時無郭元振，無可告者。」文正曰：「何不以麥舟與之？」堯夫曰：「已付之矣。」

石曼卿即石延年，為人跌宕自豪有天下志，世稱「每與人論，是非無不當」。為文勁健，尤工於詩，但屢舉進士不第，一生處於貧困之中，遭際坎坷。他與當時的賢士君子都有交遊，也是范仲淹、歐陽修等人的好友。石曼卿慶曆元年病逝。仲淹有《祭石學士文》，文中稱「曼卿之才，大而無謀」，「曼卿之筆，顏精柳骨」，「曼卿之詩，氣雄而奇」，「曼卿之心，浩然無機」。曼卿去世二十六年後，英宗治平四年歐陽修還專門寫了那篇著名的《祭石曼卿文》。堯夫即仲淹次子范純仁。紀中所叙堯夫與仲淹對答中提到的郭元振，名郭震，是唐代名臣，因玄宗誅太平公主時護駕有功，封爲代國公。《新唐書》載，「郭震字元振，……少有大志，十六與薛稷、趙彥昭爲太學生，家嘗送資錢四十萬，會有縗服者叩門，自言五世未葬，願假以治喪。元振舉與之，無少吝，一不質名字，稷等駭嘆。」堯夫效郭元振，毫不猶豫地以一船五百斛糧食盡數資助石曼卿，而仲淹知曼卿困境，也是毫不猶豫的詢及兒子「何不以麥舟與之」，父子品性，何其相似乃爾！

仲淹有純祐、純仁、純禮、純粹四子，《宋史》皆有傳。長子純祐，字天成，十八歲隨仲淹在邊關軍中，與士卒雜處，爲仲淹得力助手，可惜二十多歲時因病而廢，事功不顯。其餘三子，均得重用。仲淹曾自謂諸子，以為「純仁得其忠，純禮得其靜，純粹得其略。」三子純禮字彝叟，徽宗時拜禮部尚書，官至尚書右丞。《宋史》評他「沉毅剛止」。元祐中，純禮官居吏部侍郎，進給事中，時張來除起居舍人，但因病不能入朝。朝廷命他先供職以為權宜之計，「純禮批敕曰：『臣僚未有以疾謁告，不赴朝參先視事者。來能供職，豈不能見君？壞禮亂法，所不當為』。聞者皆悚動。」四子純粹字德孺，元祐中除寶文閣待制，官至戶部侍郎，宋史評他「沉毅有幹略，才應時須」，「凡論事剴切」。諸子之中，以純仁最為顯達，哲宗時曾兩度位列宰執。《宋史》稱他「性夷易寬簡，不以聲色加人，誼之所在，則挺然不少屈，自為布衣至宰相，廉儉如一。」「位過其父，而幾有父風。」這也是一個為人寬厚，孝悌誠信的人，皇祐元年及進士第，調知武進縣，因為離年老多病的仲淹太遠辭而不赴。後易知長葛，又不赴，仲淹問他：「當初你是因為離我人遠而不去，現在移近了，怎麼又辭而不受呢？」純仁回答：「豈可重於祿食，而輕去父母邪？」純仁兄純祐患病，他「奉之如父，藥膳居服，皆躬親時節之。」純祐死葬洛陽，韓琦、富弼均致書洛陽府尹，「使助其葬。既葬，尹訝不先聞，純仁曰：『私室力足辦，豈宜慁公爲哉？』」確實很有乃父風範。

有宋一代名臣之中，父子皆得美譽者，還沒有可以超過范仲淹的。仲淹之父風垂範，施及子弟，其力至於如此，亦足以令人傾慕讚嘆！

最後的日子

千古聖賢，不能免生死，不能管後事，一生從無中來，卻歸無中去，誰是親疏？誰能主宰？既然無奈何，即放心逍遙，任委來往。

——范仲淹：與中舍書

皇祐三年（一〇五一年），仲淹六十三歲。此時的仲淹老病一身，形體尫弱，實在是力不能支，無法任事了。這一年，他於青州上書朝廷，求在潁、亳間知一郡，以圖將養。朝廷很快批准了他的請求，同意他徙移潁州。潁州位於陳州與亳州之間，是一個政事不繁而適於將養的小郡，歷來爲北宋大臣退閒之地。

仲淹拜命即扶病上道，但這時他的身體狀況已經不容他從容退閒將養了。皇祐四年初夏，仲淹行至徐州，便因病羸而再也無力承受前路風塵，只得留滯於徐州就地診治。仁宗對這位一生忠心耿耿，屢遭風波而至誠不改的名將名臣仍然是心存記念的。仲淹留滯徐州期間「常遣使賜藥存問」。這也許能夠給病中的仲淹帶來一絲安慰吧。但也祇能是一絲安慰而已，此時仲淹自己也預感到自己事實上已經無藥可救了，他在去世前給仁宗的《遺表》中就談到自己「息鞍徐東，益覺靈藥之不效。唯積疴之見困，非晚歲之能支。神不在形，氣將去幹。」也就在這一年的夏天，仲淹在徐州溘然長逝，終年六十四歲。

對於這樣一位至誠至仁的賢士君子的故去，除了那些奸讒小人之外，大約沒有人能夠不為之大慟一哭的。《宋史》載，仲淹「死之日，四方聞者，皆為嘆息」，西北「羌酋數百人，哭之如父，齋三日而去。」韓琦得知仲淹死訊，悲痛不已以至數日之內飲食不思，與仲淹在語默選擇上頗有分歧的梅堯臣得知仲淹死訊，亦「有淚向風揮」，「泣與衆人俱」。就連仁宗在得知仲淹死訊後也「嗟嘆久之」，下詔輟朝一日以示哀悼且親書其碑曰「褒賢之碑」。人們對於仲淹的敬仰與痛悼，也許在富弼為作的祭文中可以更加真切的看到：

相勖以忠，相勸以義，報主之心，死而後已。嗚呼哀哉！公今死矣，忠義盡矣；萬不仰一，齋恨多矣；世無哲人，吾道窮矣。我雖苟活，與死均矣。

富弼小仲淹十五歲，與仲淹「師友僚類殆三十年」，他對於仲淹故去的痛悼，既是出於這三十年中仲淹對自己獎掖眷顧的深情，也是出於對這位至誠君子「不設機械，不作崖岸，坦坦一心，惟道之踐」的崇高品德的真誠仰慕，他出自內心的哀傷，也應該是朝野吏民共同心情的表達。

也許是偶然的巧合，也許是天意的安排。六十四年前的八月，仲淹在徐州來到人間，而六十四年風雨坎坷之後，仲淹又在這同一塊土地上與世長辭，歸於冥冥幽壤。仲淹似乎在上天的刻意安排下，把自己生命軌跡的起點與終點連在一起，劃成一個蘊含豐富的「句號」。在這個既是他一生生命起點也是他一生生命終點的地方，在預感到自己不久人世，眼見自己生命的起點與終點即將連成一個句號的時候，仲淹心中有沒有一些不能釋懷的牽掛與遺憾呢？

兩年前，仲淹在給他在病中的異母三兄范仲溫的一封信中說：「千古聖賢，不能免生死，不能管後事，一生從無中來，卻歸無中去，誰是親疏？誰是主宰？既然無奈何，即放心逍遙，任委來往。」這是勸人之語，也應該是仲淹這位已經年逾花甲且屢經風波之後老病纏身的老人，對於人之生死的一種明哲參悟。確實，人終不免於一死。對於人來說，活著的也許總免不了有或富貴貧賤，或賢德不肖，或智仁愚黯等種種差別，但是，面對死亡這一人類生活中最高的神秘，所有這一切差別都將被那雙不可知的巨手抹平。人不能選擇生，也無法不面對死，從無中來，也必歸無中去，在所有人類的無奈之中，這是最大的，也是最終的無奈。既然如此，那麼，在面對死亡的時候，又何妨「放心逍遙，任委來往」？

然而，還有「生年不滿百，常懷千歲憂」。也許正是因爲人知道自己不免於一死，不得不面對死，因而人在面對死亡時也就不免有不能盡捨的牽掛與遺憾。人之追求不朽，古人講究所謂或立德，或立功，或立言，目此三者爲「三不朽」，說穿了，也不過就是人類對於生的不能捨棄的牽掛，與對於不得不死的遺憾的一種心理外化。其實，即使功成名就又能如何？比如曹操，一代英豪，生命垂危之際也還是難免有敦囑分香賣履，望西陵原上。這敦囑中，不也正透著無以割捨的牽掛和無法不割捨的遺憾嗎？

仲淹應該更有他不能釋之於懷的牽掛與遺憾。他一生孜孜勉勉，求治平天下，求與天下同其安樂，然而卻一生望成而終無所成，想興利除弊而人憚於更張，欲進賢授能卻人目爲樹黨，「太平之策，噤而不得施」，最終「委經綸於一夢」。對於一個一生都懷抱著美好理想且持之行之不懈、不殆、不輟、不悔的人來說，他怎麼會沒有遺憾？仲淹在預感生命將盡的時刻，用最後一抹生命的心血寫就的他一生中最後的文字，也即那份無一字涉及私澤的《遺表》中，他念念不忘的衹是矚盼那位將他屢次黜放的皇帝能「上承天心，下徇人欲。明慎刑賞，而使之必當；精審號令，而期於必行。尊崇賢良，裁抑僥倖，制民於未亂，納民於大中」。這不正是他浩大而不能釋懷的牽掛與遺憾的最眞實也最感人的外化？

從我們今天的眼光看，仲淹其實是一個眞正的理想主義者。作爲一個理想主義者，他的牽掛與遺憾也許天生就是不可免的，也是永遠不可能免的。理想與現實本來就是一對矛盾，而且，由於理想總是超出已有的現實的層面，它們甚至是一對永遠的矛盾。對於個體人來說，生也有涯而有關自身生活的理想卻不可窮斷，所謂「人生不滿百，常懷千歲憂」，也就成爲了意識到自我理想與身處現實的矛盾的不可彌合，但又終歸不能放棄自己的理想這一人類心理的具有普泛意義的表達。這大約也是爲什麼睿智的先哲們都會不約而同地產生一種關於人生的悲劇意識的最深刻的原因。不要說如孟子那「天未欲平治天下也」的嘆息中，我們能夠體會出理想無法實現的悲哀與蒼涼，即如莊子齊萬物、一死生的達觀中，是否也有一種對於人生的悲劇性的感悟存於其間呢？

不過，也正是從這裡，我們也更能感受到如仲淹等先哲們的人生的可貴與可佩。人生不能沒有理想。這就正如一個對於生活已經有了眞切而深刻的體悟的人知道生活不是詩，但同時也知道生活中不能沒有詩，因而從不會拒絕詩，不會拒絕在可能的時候去將生活詩意化，或者去尋找生活的詩意一樣。睿智的先哲們都是那樣的執著而絕不願意放棄自己的理想。沒有詩的生活一定是寡淡如白蠟的，一個在可能的時候無法將生活詩意化的人也一定是乾巴而缺少生趣的——對於生命的存在來說，生趣是何等的重要！生命的意味不就存在於我們能夠體味到的生之趣中嗎？而一個沒有理想的人，一定也是乾巴而無生趣的人，至少他難以找到那種帶給人生活激情的生趣。人生的詩意其實就在人的理想之中。

這裡還顯示著一種精神的清潔和人格的崇高。一個胸懷天下之志，胸懷先憂後樂的崇高理想且一生執著持行的人，一定是一個高尚可垂範於千古的人，他們代表著人類發展的高級方向的精神與品格，本身就爲後世提供著某種生命的滋養。從這個角度看，這些睿智的先哲們是否確實成就了一番可以列數於指前的功業，其實都在其次了。

回顧仲淹一生，他所求所爲，確實是成少敗多。但我們認識一個人，評價一個人，又哪能僅僅以一個人事實上成就了什麼作爲標準？大千世界，造化無常。一個人想做什麼和實際能做成什麼，哪裡是由個體的人自己能夠完全決定的！從一個層次上看，爲人在世有一件正經事可做，就要認眞去做，譬如即使僅僅能夠自食其力，也算是對社會有益了，何必一定強求究竟成就了多大功業。寫到這裡，也許我們可以用愛因斯坦在悼念居里夫人時說的一段話作爲這本小冊子的結束了。愛因斯坦面對居里夫人這個和他同樣偉大的靈魂，曾說過一段充滿睿智的話：

第一流人物對於時代和歷史進程的意義，其道德的方面，也許比單純的才智成就的方面還要大。即使是後者，其取決於品格的程度，也遠超過通常人們以為的程度。

面對仲淹這個偉大的靈魂，我們是如何「以爲」的呢？

國家圖書館出版品預行編目資料

范仲淹的人生哲學:憂樂人生 / 王耀輝著.--
初版. -- 臺北市 : 揚智文化 1997[民 86]
面: 公分.----(中國人生叢書 22.)
ISBN 957-8446-20-9 (平裝)

1.(宋)范仲淹 - 傳記

782.8514 86005816

范仲淹的人生哲學 中國人生叢書 22.

著 者/ 王耀輝
出 版/ 揚智文化事股份有限公司
發 行 人/ 林智堅
副總編輯/ 葉忠賢
責任編輯/ 賴筱彌
登 記 證/ 局版臺業字第 4799 號
地 址/ 台北市新生南路 3 段 88 號 5 樓之 6
電 話/ (02)366-0309 366-0313
傳 真/ 886-2-3660310
郵政劃撥/ 14534976
印 刷/ 偉勵彩色印刷股份有限公司
法律顧問/ 北辰著作權事務所 蕭雄淋律師
初版一刷/ 1997 年 7 月
定 價/ 新台幣 250 元

南區總經銷/ 昱泓圖書有限公司
地 址/ 嘉義市通化四街 45 號
電 話/ (05)231-1949 231-1572
傳 真/ (05)231-1002

本書如有缺頁、破損、裝訂錯誤，請寄回更換
ISBN : 957-8446-20-9